Christiane Weißenberger

Das große Schonkost-Kochbuch

3. Auflage

Christiane Weißenberger

Das große Schonkost-Kochbuch

■ Über 130 Rezepte für die ganze Familie mit allen wichtigen Nährwerten
■ Die richtige Ernährung bei Sodbrennen, Magendruck, Blähungen, Völlegefühl und Übelkeit

Bibliografische Information der Deutschen Nationalbibliothek
Die Deutsche Nationalbibliothek verzeichnet diese Publikation in der Deutschen Nationalbibliografie; detaillierte bibliografische Daten sind im Internet über http://dnb.ddb.de/ abrufbar.

ISBN 978-3-89993-953-8 (Print)
ISBN 978-3-8426-8898-8 (PDF)
ISBN 978-3-8426-8899-5 (EPUB)

Fotos:

Titelbild: vanillaechoes – Fotolia.com

123rf.com: Corinna Gissemann: 5 (unten links), 45, 53, 63; homy_design: 5 (unten rechts), 73; Rohit Seth: 9; yelenayemchuk: 11; Yana Gayvoronskaya: 14; Tatjana Baibakova: 17; handmadepictures: 32; margouillat: 39; Tracy Hebden: 40; Olga Kriger: 41, 59; vanillaechoes: 48; Eva Gruendemann: 62; Elina Manninen: 67; Evgenia Lysakov: 110; Olga Miltsova: 117; Sabina Schaaf: 127; Olha Afanasieva: 157; tobi: 169

Fotolia.com: lisa870: 25; Diana Taliun: 26, 27; Viktorija: 29; petrabarz: 30; Keddy: 31; Torsten Schon: 34; geografika: 37, 47; Christian Jung: 42; Marco Mayer: 43; abcmedia: 44; picamaniac: 50; JJAVA: 51; Dervish_design: 54; Maksim Shebeko: 55; dusk: 56; Food-Xperts_MG: 61; B. and E. Dudziński: 64; Corinna Gissemann: 65; Ewa Brozek: 66; Jiri Hera: 68; uckyo: 71, 85; A_Lein: 72; Tinka: 74; vanillaechoes: 79; Silvia Bogdanski: 83; gudrun: 141; Vladislav Nosik: 146; Heike Rau: 156; Printemps: 158; pilipphoto: 162; kab-vision: 167; anna liebiedieva: 174; Barbara Pheby: 184; liv friis-larsen: 185, 193; Carmen Steiner: 188; voltan: 191; Patrizia Tilly: 194

iStockphoto.com: Piotr Rzeszutek: 38; Olga Lyubkina: 46; Joe Biafore: 81; massman: 92; FotografiaBasica: 140; raphotography: 147; kdow: 181

Ingo Wandmacher: 5, 23, 24, 28, 33, 49, 60, 77, 89, 91, 101, 105, 109, 111, 115, 121, 123, 125, 129, 139, 143, 145, 151, 152, 159, 161, 165, 171, 175, 177, 179, 183, 187, 189, 195, 199, 201, 203

3. Auflage

© 2022 humboldt
Die Ratgebermarke der Schlüterschen Verlagsgesellschaft mbH & Co. KG
Hans-Böckler-Allee 7, 30173 Hannover
www.humboldt.de
www.schluetersche.de

Lektorat: Ulrike Schöber, Dortmund
Gestaltung: Schlütersche Verlagsgesellschaft GmbH & Co. KG
Satz: Die Feder, Konzeption vor dem Druck GmbH, Wetzlar
Druck und Bindung: Westermann Druck Zwickau GmbH

Inhalt

Vorwort

Liebe Leserinnen und Leser,

viele Menschen leiden unter Verdauungsprobleme wie Magendrücken, Blähungen, Völlegefühl oder anderen Erkrankungen des Magen-Darm-Bereichs. Sie alle können die Folge allgemeiner Schwäche, zum Beispiel nach einer Erkrankung, oder von Fehlernährung sein. Viele reagieren auch einfach empfindlich auf einzelne oder mehrere Lebensmittel. Zum Glück können diese Beschwerden oft bereits durch eine Umstellung der Ernährung auf leichte Vollkost gelindert werden – so nennt der Ernährungsexperte die Schonkost. „Das große Schonkost-Kochbuch" erklärt Ihnen die Grundzüge dieser Ernährungsform und schlägt Ihnen viele leckere Rezepte zum Nachkochen vor.

Die leichte Vollkost ist eine seit langem etablierte Ernährungsform, die auf den Prinzipien der Vollkost basiert. Damit bezeichnen Ernährungsexperten ganz einfach eine ausgewogene Ernährung. Sie zeichnet sich in ihrer Zusammensetzung durch eine optimale Versorgung mit Nähr- und Vitalstoffen aus und ist damit für Jung und Alt bestens geeignet. Dabei sollten Sie lediglich all jene Lebensmittel meiden, die bei Ihnen erfahrungsgemäß Unverträglichkeiten auslösen. Das können bei jedem Menschen unterschiedliche Nahrungsmittel oder Speisen sein: Was der eine problemlos in Mengen verträgt, kann bei dem anderen zu Verdauungsproblemen führen. Daher gilt der Wahlspruch: Erlaubt ist, was bekommt! Eine streng beschränkte oder fade Kost, wie sie früher oft empfohlen wurde, ist aus heutiger Sicht nicht mehr nötig.

Dieses umfangreiche Kochbuch bietet Ihnen eine große Auswahl an abwechslungsreichen Rezepten, die leicht, schmackhaft und gut bekömmlich sind. Die Rezepte und die Nährstoffberechnungen wurden nach den aktuellen Empfehlungen der Deutschen Gesellschaft für Ernährung DGE entwickelt. Sie sind so konzipiert, dass Ihnen das Nachkochen Spaß macht und leichtfällt. Bei vielen Rezepten finden Sie Hinweise, wie Sie das Rezept je nach Jahreszeit mit saisonalen Lebensmitteln variieren können. Die verwendeten Zutaten sind in den meisten Supermärkten erhältlich.

Darüber hinaus erhalten Sie viele hilfreiche Tipps, Informationen und Nahrungsmitteltabellen, die bei der richtigen Auswahl der Lebensmittel helfen können.

Nun wünsche ich Ihnen viel Spaß und gutes Gelingen beim Nachkochen der leckeren Rezepte!

Christiane Weißenberger
Staatlich anerkannte Diätassistentin
Diabetesassistentin DDG
Staatlich geprüfte Hauswirtschafterin

Völlegefühl, Blähungen oder Übelkeit müssen nicht sein

Der Verdauungsapparat vieler Menschen ist sehr empfindlich und unsere Essens- und Lebensweise beeinflusst seine Funktion. Häufig leiden Personen mit empfindsamem Verdauungstrakt an Magen-Darm-Beschwerden, Sodbrennen, Magendrücken, saurem Aufstoßen, Bauchweh, Blähungen, Durchfall und Verstopfung. Solche Beschwerden können mit der richtigen Ernährung gelindert oder vermieden werden. Darüber hinaus empfiehlt sich für Menschen mit Erkrankungen des Magen-Darm-Trakts, wie Reizdarm, Magen- oder Darmgeschwür und chronisch-entzündlichen Darmerkrankungen eine reizarme Kost. Für sie ist die leichte Vollkost ebenfalls gut geeignet.

Wann kann die leichte Vollkost sinnvoll sein?

Bei Magen-Darm-Beschwerden
Völlegefühl, Sodbrennen, Blähungen, Durchfall und Übelkeit zählen zu den typischen Magen-Darm-Beschwerden. Sie können die unterschiedlichsten Gründe haben. Bei Lebensmittelunverträglichkeiten verursachen nur bestimmte Speisen oder Getränke diese Beschwerden. Häufig leiden Menschen unter Reizmagen oder Reizdarm sowie Sodbrennen und Magenschleimhautentzündung. Gallensteinleiden und chronische Erkrankungen der Leber- sowie der Bauchspeicheldrüse kommen ebenfalls häufig vor. Aber auch Sorgen, Ängste und Stress können auf den Magen schlagen, viele Menschen reagieren beispielsweise mit Bauchschmerzen oder Durchfall, wenn eine Prüfung bevorsteht. In all diesen Fällen kann die leichte Vollkost eingesetzt werden.

Bei Infektionskrankheiten, Grippe oder allgemeiner Schwäche
Die Verdauung der Nahrung ist für unseren Körper eine anstrengende und energieraubende Aufgabe. Es beginnt mit dem Zerkleinern der Speisen im Mund, der Speichelerzeugung und dem Herunterschlucken, geht weiter mit der Arbeit des Magen-Darm-Trakts und der Produktion der Verdauungssäfte – etwa vier Liter am Tag! – und endet mit der Arbeit des Dickdarms.

Wenn wir gesund sind, nehmen wir das gar nicht wahr. Doch im Krankheitsfall ist unser Körper geschwächt und er braucht viel Energie zur Bekämpfung der Erkrankung, besonders bei Infektionen wie Erkältungen, fiebrigem Infekt, Grippe oder Durchfall. Aber auch bei allgemeiner Schwäche oder bei Infektanfälligkeit braucht unser Körper seine Energie dringender für die Arbeit des Immunsystems als für die der Verdauung. In solchen Fällen ist es ratsam, wenn wir ihm durch eine leichte Vollkost die schwere Verdauungsarbeit erleichtern, ohne dass er dabei auf die wichtigen Vitalstoffe verzichten muss.

Bei diesen Erkrankungen verordnet Ihr Arzt die leichte Vollkost

Bei Nahrungsmittelunverträglichkeit und verschiedensten Erkrankungen des Verdauungstrakts kann die leichte Vollkost helfen. Bei folgenden Beschwerden und Krankheiten wird sie von Ärzten und Ernährungsfachleuten verordnet:

- Unverträglichkeiten bestimmter Speisen, Lebensmittel und Getränke
- Sodbrennen und Refluxösophagitis (Entzündung der Speiseröhre durch Magensaft, der in die Speiseröhre gelangt)
- Entzündungen der Magenschleimhaut (Gastritis) und der Dünndarmschleimhaut
- Reizmagen und Reizdarm
- Chronisch-entzündliche Darmerkrankungen wie Morbus Crohn und Colitis ulcerosa während der nicht-akuten Phase
- Magen- und Zwölffingerdarmgeschwür

- Gallenwegs- und Gallenblasenentzündung, Gallensteine
- Chronische Bauchspeicheldrüsenentzündung (Pankreatitis)
- Unkomplizierte Erkrankungen der Leber (beispielsweise Fettleber, Anfangsstadium einer Leberzirrhose oder Hepatitis)

Nicht immer führt die leichte Vollkost zum Behandlungserfolg, in manchen Fällen hilft nur eine ganz bestimmte, auf die Krankheit zugeschnittene Diät weiter. Doch die Unterteilung in verschiedene Schonkostformen wie Magen-, Galle-, Leber- oder Darmschonkost, gilt heute als überholt. Die leichte Vollkost ersetzt in vielen Fällen die früher empfohlenen unterschiedlichsten Diäten und dient als Basisernährung, die sich nach den allgemeinen Ernährungsempfehlungen der DGE (Deutschen Gesellschaft für Ernährung e. V.) richtet.

Vollwertig essen und trinken nach den 10 Regeln der DGE

1. Die Lebensmittelvielfalt genießen

Vollwertiges Essen und Trinken beinhaltet eine abwechslungsreiche Auswahl, angemessene Menge und Kombination nährstoffreicher und energiearmer Lebensmittel. Wählen Sie überwiegend pflanzliche Lebensmittel. Diese haben eine gesundheitsfördernde Wirkung und unterstützen eine nachhaltige Ernährungsweise.

2. Reichlich Getreideprodukte sowie Kartoffeln

Brot, Getreideflocken, Nudeln, Reis, am besten aus Vollkorn, sowie Kartoffeln enthalten reichlich Vitamine, Mineralstoffe sowie Ballaststoffe. Verzehren Sie diese Lebensmittel mit möglichst fettarmen Zutaten. Mindestens 25 Gramm Ballaststoffe, je nach Verträglichkeit vorwiegend aus Vollkornprodukten, sollten es täglich sein. Eine hohe Zufuhr senkt die Risiken für verschiedene ernährungsbedingte Krankheiten.

3. Gemüse und Obst – Nimm „5 am Tag"

Genießen Sie fünf Portionen Gemüse und Obst am Tag, möglichst frisch, nur kurz gegart oder gelegentlich auch als Saft oder Smoothie – zu jeder Hauptmahlzeit und/oder als Zwischenmahlzeit: Damit werden Sie reichlich mit Vitaminen, Mineralstoffen sowie Ballaststoffen versorgt und verringern das Risiko für ernährungsbedingte Krankheiten. Bevorzugen Sie nach Möglichkeit saisonale Produkte.

4. Milch und Milchprodukte täglich, Fisch ein- bis zweimal in der Woche, Fleisch, Wurstwaren sowie Eier in Maßen

Diese Lebensmittel enthalten wertvolle Nährstoffe, wie z. B. Kalzium in Milch, Jod, Selen und Omega-3 Fettsäuren in Seefisch. Entscheiden Sie sich bei Fisch für Produkte mit anerkannt nachhaltiger Herkunft. Im Rahmen einer vollwertigen Ernährung sollten Sie nicht mehr als 300–600 g Fleisch und Wurst pro Woche essen. Fleisch ist Lieferant von Mineralstoffen und Vitaminen (B_1, B_6 und B_{12}). Weißes Fleisch (Geflügel) ist unter gesundheitlichen Gesichtspunkten günstiger zu bewerten als rotes Fleisch (Rind, Schwein). Bevorzugen Sie fettarme Produkte, vor allem bei Fleischerzeugnissen und Milchprodukten.

5. Wenig Fett und fettreiche Lebensmittel

Fett liefert lebensnotwendige (essenzielle) Fettsäuren und fetthaltige Lebensmittel enthalten auch fettlösliche Vitamine. Da Fett besonders energiereich ist, kann die gesteigerte Zufuhr von Nahrungsfett jedoch die Entstehung von Übergewicht fördern. Zu viele gesättigte Fettsäuren erhöhen das Risiko für Fettstoffwechselstörungen, mit der möglichen Folge von Herz-Kreislauf-Krankheiten. Bevorzugen Sie pflanzliche Öle und Fette (z. B. Raps-, Oliven- und Sojaöl). Achten Sie auf unsichtbares Fett, das in Fleischerzeugnissen, Milchprodukten, Gebäck und Süßwaren sowie in Fast-Food und Fertigprodukten meist enthalten ist. Insgesamt 60–80 Gramm Fett pro Tag reichen aus.

6. Zucker und Salz in Maßen

Verzehren Sie Zucker und Lebensmittel bzw. Getränke, die mit verschiedenen Zuckerarten (z. B. Glukosesirup) hergestellt wurden, nur gelegentlich. Würzen Sie kreativ mit Kräutern und Gewürzen und wenig Salz.

7. Reichlich Flüssigkeit

Wasser ist lebensnotwendig. Trinken Sie rund 1,5 Liter Flüssigkeit jeden Tag. Bevorzugen Sie Wasser ohne Kohlensäure (mit Kohlensäure verursacht häufig Unverträglichkeiten) und energiearme Getränke. Trinken Sie zuckergesüßte Getränke nur selten. Diese sind energiereich und können bei gesteigerter Zufuhr die Entstehung von Übergewicht fördern. Alkoholische Getränke sollten wegen der damit verbundenen gesundheitlichen Risiken nur gelegentlich und nur in kleinen Mengen konsumiert werden.

8. Schonend zubereiten

Garen Sie die Lebensmittel bei möglichst niedrigen Temperaturen, soweit es geht kurz, mit wenig Wasser und wenig Fett – das erhält den natürlichen Geschmack, schont die Nährstoffe und verhindert die Bildung schädlicher Verbindungen. Verwenden Sie möglichst frische Zutaten. So reduzieren Sie überflüssige Verpackungsabfälle.

9. Sich Zeit nehmen und genießen

Gönnen Sie sich eine Pause für Ihre Mahlzeiten und essen Sie nicht nebenbei. Lassen Sie sich Zeit, das fördert Ihr Sättigungsempfinden.

10. Auf das Gewicht achten und in Bewegung bleiben

Vollwertige Ernährung, viel körperliche Bewegung und Sport (30–60 Minuten pro Tag) gehören zusammen und helfen Ihnen dabei, Ihr Gewicht zu regulieren. Gehen Sie zum Beispiel öfter einmal zu Fuß oder fahren Sie mit dem Fahrrad. Das schont auch die Umwelt und fördert Ihre Gesundheit.

Quelle: DGE (Deutsche Gesellschaft für Ernährung) e. V., Bonn 2016

Wie unterstützt die leichte Vollkost eine gesunde Verdauung?

Erlaubt ist, was bekommt!

Die leichte Vollkost deckt also den Bedarf an allen wichtigen Nährstoffen, Vitaminen und Mineralstoffen und unterscheidet sich dadurch nur gering von den Empfehlungen für Jedermann. Im Vergleich zur Vollkost, also zu der für jeden empfohlenen ausgewogenen und gesunden Ernährung, werden jedoch schwer verträgliche Lebensmittel und Zubereitungen gemieden, die erfahrungsgemäß Unverträglichkeiten auslösen.

Früher wurden bei Erkrankungen der Verdauungsorgane strenge Diäten verordnet. Typischerweise verboten sie zahlreiche Nahrungsmittel, Getränke oder Gerichte. Dadurch entstand vielfach das Risiko einer einseitigen Ernährung bis hin zur Mangelernährung. Außerdem waren die empfohlenen Gerichte häufig weder abwechslungsreich noch besonders lecker.

Die leichte Vollkost hingegen ist geprägt von dem Leitspruch: Erlaubt ist, was bekommt! Die Zusammensetzung der Hauptnährstoffe Kohlenhydrate, Eiweiß und Fett unterscheidet sich nicht von den Empfehlungen der „normalen" Kost. Auch der Kilokaloriengehalt (= Energiegehalt) ist mit dem der Vollkost identisch. Die leichte Vollkost unterscheidet sich von der normalen Kost durch das Weglassen von Zutaten, die schlecht vertragen werden, sowie durch Zubereitungsmethoden, die zu Beschwerden führen. Dadurch ist eine optimale Versorgung mit allen nötigen Nähr- und Vitalstoffen gewährleistet und der tägliche Bedarf an Kilokalorien wird gedeckt. Durch das Weglassen schwer bekömmlicher Speisen und Lebensmittel werden die Verdauungsorgane sowie Leber und Galle entlastet. Die leichte Vollkost ist ernährungswissenschaftlich sehr gut erforscht und damit absolut praxistauglich. Sie kann auch von gesunden Menschen uneingeschränkt verzehrt werden.

Die individuelle Bekömmlichkeit kann äußerst unterschiedlich sein. Was dem einen bekommt, verträgt ein anderer absolut nicht. Daher gilt der generelle Tipp:

Nutzen Sie die Vielfalt der Lebensmittel und stellen Sie Ihren Speiseplan nach Ihrer persönlichen Verträglichkeit zusammen. Ein genereller Verzicht auf Lebensmittel, die Ihnen wichtig sind, ist nicht unbedingt erforderlich. Sie können den Verzehr dieser Lebensmittel jedoch gezielt verringern oder durch besser verträgliche Lebensmittel teilweise ersetzen.

Verbote gibt es keine, jeder wählt, was ihm am besten bekommt. Speisen und Getränke, die von vielen Menschen schlecht vertragen werden, wie beispielsweise blähende Gemüse und eiskalte Getränke, stehen bei der leichten Vollkost nicht auf dem Speiseplan. Falls Sie diese Speisen jedoch vertragen, spricht natürlich nichts dagegen, wenn Sie weiterhin davon essen bzw. trinken.

Auf den Punkt gebracht: Die leichte Vollkost …

- deckt den Bedarf an Nähr- und Vitalstoffen,
- berücksichtigt den individuellen Kilokalorienbedarf,
- ist leicht bekömmlich,
- orientiert sich an aktuellen ernährungsmedizinischen Erkenntnissen zur Vorbeugung chronischer Erkrankungen,
- entspricht normalen Ernährungsgewohnheiten,

- ist ab dem Kleinkindalter für alle Altersgruppen anwendbar, so können alle Familienmitglieder unabhängig vom Alter das gleiche Essen genießen.

Besser mehrere kleine Mahlzeiten

Zu große, üppige Mahlzeiten belasten den Verdauungstrakt. Stattdessen gilt für die leichte Vollkost die Empfehlung, lieber mehrere (fünf bis sechs) kleine Mahlzeiten am Tag zu essen. Versuchen Sie möglichst regelmäßig zu essen, denn auch unregelmäßiges Essen kann Beschwerden auslösen. Um Verdauungsprobleme in der Nacht zu vermeiden, sollten Sie ungefähr zwei Stunden vor dem Zubettgehen nichts mehr essen.

Achten Sie darauf, langsam zu essen und gut zu kauen. Nehmen Sie sich so viel Zeit, dass Sie Ihr Essen wirklich genießen können: für eine Mahlzeit mindestens 20 Minuten, für einen Snack wenigstens zehn Minuten. Getränke sollten Sie möglichst schluckweise trinken. Das verbessert die Verdauungsarbeit grundlegend.
Folgende Tipps können Ihnen helfen:

- Essen Sie langsam. Ein gutes Gespräch beim Essen kann Ihnen helfen, das Essen langsam zu genießen.
- Kauen Sie gründlich.
- Verteilen Sie die Mahlzeiten über den Tag. Fünf Mahlzeiten sind besser als drei.
- Bereiten Sie Ihre Mahlzeiten schonend zu, z. B. dünsten, garen, leicht anbraten.
- Essen Sie nicht zu heiß und nicht zu kalt.
- Essen Sie nicht zu scharf und nicht zu stark gewürzt.
- Meiden Sie Röststoffe, z. B. in Röstkaffee oder Bohnenkaffee und durch intensives Anbraten.
- Verzichten Sie auf kohlensäurehaltige Getränke.

- Sorgen Sie für ausreichend Schlaf und für Entspannung.
- Treiben Sie Sport und bewegen Sie sich regelmäßig. Bewegung wirkt sich positiv auf den Darm aus.

Der Lebensmittelfahrplan

Wie Sie schon gelesen haben, ist bei der leichten Vollkost grundsätzlich alles erlaubt, was vertragen wird. Auf nachfolgende Lebensmittel sollten Sie bei der Zusammenstellung Ihres Speiseplans jedoch besonders achten, denn diese Lebensmittel vertragen sehr viele Menschen besonders schlecht oder besonders gut.

Häufig schlecht vertragen werden:

- Röststoffe und Fett in großen Mengen: stark oder mit Speck angebratene, geröstete, gegrillte oder frittierte Lebensmittel, Speisen und Backwaren
- fette und geräucherte Fleisch-, Wurst- und Fischwaren
- hart gekochte Eier und fette Eierspeisen (beispielsweise Rührei mit Sahne) und Mayonnaisen
- vollfette Milchprodukte (Käse mit mehr als 40 % Fett i. Tr., Sahne, Vollmilch, Landmilch, Crème fraîche, Crème double, Saure Sahne)
- fette Brühen, Cremesuppen, fette Saucen (Sahnesaucen und Co.)
- große Mengen Streich- oder Kochfett (dazu gehört auch Butter)
- frisches Brot und frische Backwaren, sehr fette Backwaren (Croissants), grobes Vollkornbrot
- fette oder frittierte Kartoffelzubereitungen
- schwer verdauliche oder blähende Gemüse wie Grün-, Rot-, Weißkohl, Rosenkohl, Wirsing, Sauerkraut, Lauch, Zwiebeln, Knoblauch, Pilze (Champig-

nons werden oft gut vertragen), Paprika, Gurken und Rettich, Hülsenfrüchte (Linsen, Erbsen, Kichererbsen oder Bohnen – nicht aber frische grüne Bohnen) und fettreiche Zubereitungen mit diesen und anderen Gemüsesorten

- unreifes Obst, Steinobst, Nüsse, Mandeln, Pistazien, Avocados
- fette Süßigkeiten
- größere Mengen an scharfen Gewürzen (Chili, Cayennepfeffer, Curry, Paprikapulver), Zwiebel- oder Knoblauchpulver. Schwarzen Pfeffer dagegen vertragen viele Menschen, die unter Unverträglichkeit leiden, relativ gut.
- Alkohol in jeder Form und Menge, kohlensäurehaltige Getränke

Häufig gut vertragen werden:

- Mischbrot, Weißbrot, Vollkornbrot aus fein gemahlenem Vollkornmehl, Knäckebrot. Alle Brotsorten ohne Nüsse oder grobe Körner, Reiswaffeln
- wenig Butter und Margarine, bei Unverträglichkeit gegenüber normaler Butter oder Margarine bieten sich Halbfettbutter oder -margarine bzw. MCT-Margarine oder -Öl an (siehe Seite 16)
- Putenwurst, fettarmer Käse, fettarme Wurst, Marmelade, Honig, fettarmer Brotaufstrich
- säurearme Obstsorten wie süße Äpfel, Bananen, Birnen, Feigen, Mangos, Papayas, Weintrauben, reife Beeren, Obstsaft, Kompott
- Auberginen, Brokkoli, Chicorée, Fenchel, Karotten, Kürbis, Mangold, Spinat, Pastinaken, Rote Beete, Schwarzwurzeln, Sellerie, Spargel, Tomaten, Zucchini, Blattsalat, Gemüsesäfte
- fettarme Fleisch- und Fischsorten bei schonender Zubereitung
- Kartoffeln, Salzkartoffeln, Pellkartoffeln, Reis, Vollkornreis, Nudeln, Vollkornnudeln, Couscous, Bulgur, Grünkern, Hirse, Polenta, Amaranth, Quinoa
- Getreideflocken (eingeweicht), Cornflakes, wenig Nüsse und Körner
- Joghurt, Kefir, Dickmilch, Buttermilch
- Früchte- oder Kräutertee, stilles Mineralwasser

Die folgende Tabelle zeigt Ihnen, wie Sie durch einen geschickten Austausch von Lebensmitteln und Zubereitungsformen Ihre Mahlzeiten bekömmlicher gestalten können:

Lebensmittel-Austauschtabelle

Lebensmittel	Leicht verdaulich	Schwer verdaulich
Backwaren	Abgelagerte und fettarme Backwaren, Brot aus fein gemahlenem Vollkorn	Frisches Brot und Hefegebäck, grobe Brotsorten, fettreiche Backwaren
Kartoffeln	Salzkartoffeln, Pellkartoffeln, Kartoffelbrei	Fettreiche Zubereitungen wie Pommes frites, Bratkartoffeln, Rösti
Reis, Teigwaren	Fettarme Zubereitung	Fettreiche Zubereitung
Gemüse und Salat	Fettarm zubereitete zarte Gemüsesorten, z. B. Karotten, Zucchini, Fenchel, Spinat, Mangold, Blattsalate	Schwer verdauliche, blähende Gemüsesorten, z. B. Gurken, Kohl, Zwiebeln, Paprika, Hülsenfrüchte
Obst	Reifes Obst, Kompott, Obstsäfte, Obstkonserven (möglichst ohne Zucker!)	Unreifes, säurehaltiges Obst, zuckerreiche Obstkonserven, Fruchtsaftgetränke
Fleisch	Mageres, zartes Fleisch, gekocht, gegrillt oder in Folie zubereitet	Fettreiche, stark gewürzte Stücke, paniert oder geräuchert
Wurstwaren	Magere Wurstsorten, z. B. Geflügelwurst, gekochter Schinken, deutsches Corned Beef, Roastbeef	Fettreiche Wurstsorten, z. B. Salami, Leberwurst, Mettwurst, Bratwürste, geräucherte Wurstwaren
Fisch	Magere Seefische, Forelle, gekocht, gedünstet	Fettreiche Fischsorten, Räucherfisch, Fisch in Konserven
Eier	Weich gekochte Eier, Eierstich, Rührei, Pfannkuchen (mit wenig Fett zubereitet)	Hart gekochte Eier, stark gezuckerte und fettreiche Eispeisen
Milch und Milchprodukte	Alle fettarmen Sorten wie fettarme Milch, Buttermilch, Molke, Kefir, Dickmilch, Quark, fettarme Käsesorten	Fettreiche Milchprodukte, fettreiche und stark gewürzte Käsesorten, Sahne
Getränke	Malzkaffee, verdünnte Gemüse- und Obstsäfte, Kräutertees, Früchtetee, stilles Wasser	Bohnenkaffee, Alkohol, Limonaden, Colagetränke, kohlensäurehaltiges Mineralwasser

Die optimale Zubereitung

Gut geeignete Zubereitungsarten sind Dünsten, Kochen, Sieden, Garziehen (Pochieren), Garen im Dampfdrucktopf, im Römertopf oder im Folienschlauch sowie Garen in der Mikrowelle. Nutzen Sie Kochgeschirr, das für fettarmes Garen geeignet ist: Beschichtete Töpfe und Pfannen sind ideal. Nicht empfehlenswert ist scharfes Anbraten bei hohen Temperaturen, weil Sie reichlich Fett benötigen und viele Röststoffe entstehen.

Ein Rührei, das in einer beschichteten Pfanne mit wenig Öl zubereitet wurde, ist für viele empfindsame Mägen gut verträglich. Natürlich ist es möglich, Gemüse mit wenig Öl und geringer Hitze anzubraten. Wenn Sie normales Bratöl nicht vertragen, können Sie auch MCT-Öl verwenden (siehe Kasten). Auch Backen – egal ob es sich um süße oder herzhafte Gerichte handelt – ist für die meisten Betroffenen bei geringer Bräunung häufig unproblematisch.

Zwar empfiehlt die DGE kurz gegartes Gemüse, um die Nährstoffe möglichst zu erhalten, aber viele Menschen vertragen es schlechter als länger gegartes Gemüse. Probieren Sie bitte aus, welchen Gargrad Sie bei Gemüse am besten vertragen, denn die Nährstoffe kommen nur dann wirklich in Ihrem Organismus an, wenn er das Gemüse auch verwerten kann. Auch Obst ist aus der Konservendose oder dem Glas häufig bekömmlicher als frisches Obst, weil es bereits vorgegart wurde. Bei guter Bekömmlichkeit von frischen Produkten oder kurz gegarten Lebensmitteln sollten Sie diese ganz klar bevorzugen.

MCT-Fette

MCT bezeichnet Fette mit mittelkettigen Triglyzeriden (MCT = medium chain triglycerides). Sie werden empfohlen, wenn „normales" Fett nicht verdaut werden kann. Diese MCT-Fette werden im Darm leichter aufgespalten und gelangen auf direktem Weg in die Leber, wo sie zügiger abgebaut werden können.

Führen Sie Protokoll

Bei der leichten Vollkost gelten keine strengen Vorschriften, festen Vorgaben oder starren Ernährungspläne. Unverträglichkeiten können sehr unterschiedlich auftreten, daher ist eine einheitliche Empfehlung nicht möglich und sinnvoll. Die Rezepte in diesem Buch sind geprüft, die Hinweise und Tipps entsprechen den aktuellen wissenschaftlichen Empfehlungen. Aber natürlich kann kein Arzt oder Diätassistent wissen, was jeder einzelne Mensch verträgt.

Um Ihren persönlichen problematischen Lebensmitteln auf die Spur zu kommen, führen Sie ein Ernährungsprotokoll: Notieren Sie sich, was Sie wann in welcher Menge gegessen und getrunken haben, und halten Sie eventuell auftretende Beschwerden fest. Schreiben Sie bitte auch auf, welche Besonderheiten für die Mahlzeit vorlagen, wie z. B. „aufgewärmt", „besonders kalt", „besonders heiß", „besondere Würzung", „in Eile", „sehr spät abends" oder spezielle Zubereitungsmethoden.

So finden Sie nach und nach heraus, welche Nahrungsmittel oder Besonderheiten Unverträglichkeiten auslösen. Diese sollten Sie vorübergehend meiden. Nach einiger Zeit (mehrere Wochen oder Monate) sollten Sie die Bekömmlichkeit noch einmal überprüfen. Dafür essen Sie das entsprechende Lebensmittel an einem „guten Tag", also an einem Tag ohne Beschwerden. Danach können Sie entscheiden, ob Sie es erneut in Ihren Speiseplan aufnehmen möchten, denn manche Unverträglichkeiten verschwinden, wenn sich das Verdauungssystem insgesamt beruhigt und neu eingespielt hat. Entscheidend ist immer Ihre persönliche Erfahrung.

Die richtigen Getränke

Nehmen Sie täglich 1,5 bis 2 Liter Flüssigkeit zu sich. Diese Empfehlung gilt für eine gesunde Ernährung und damit auch für die leichte Vollkost. Bei Erkrankungen mit Flüssigkeitsverlust (z. B. Durchfall oder Erbrechen), bei großer Hitze oder starker körperlicher Betätigung sollten Sie mehr trinken, um den Flüssigkeitsverlust auszugleichen. Die Getränke sollten möglichst 30 Minuten vor oder 30 Minuten nach dem Essen getrunken werden.

Grundsätzlich gut bekömmlich sind Wasser und Mineralwasser ohne Kohlensäure und nicht stark gekühlt. Die Kohlensäure können Sie mit einer Gabel aus Getränken „herausrühren".

Alkoholische Getränke sind bei einer gesunden Ernährung generell nicht zu empfehlen und grundsätzlich gar nicht im Zusammenhang mit Verdauungsbeschwerden. Inzwischen gibt es alkoholfreien Wein bzw. Sekt, sodass Sie bei festlichen Anlässen mit anstoßen können. Falls Sie doch einmal etwas Alkoholisches trinken wollen, besprechen Sie das mit Ihrem behandelnden Arzt, denn er kennt Ihre Krankheitsgeschichte und kann Ihre Fragen am besten beantworten.

Viele Menschen haben Probleme mit Fruchtsäften. Das ist auf die enthaltene Fruchtsäure zurückzuführen. Bei chronisch-entzündlichen Darmerkrankungen (Morbus Crohn oder Colitis ulcerosa) können Fruchtsäfte den Darm übermäßig reizen. Als Schorle, am besten im „Drittelmix" (zwei Teile Wasser, ein Teil Saft), sind Säfte jedoch in der Regel recht gut verträglich. Probieren Sie es aus.

Kräuter- und Früchtetees sind häufig gut bekömmlich, doch Früchtetees sollten Sie wegen der Fruchtsäure mit reichlich Wasser aufgießen. Schwarztee sollten Sie ebenfalls mit mehr Wasser aufgießen und kürzer ziehen lassen. Malzkaffee und reizstoffarmen Bohnenkaffee (Schonkaffee) vertragen Menschen mit Verdauungsproblem häufig auch gut. Schonkaffee wird nach einem speziellen Verfahren hergestellt und enthält dadurch weniger Reizstoffe, die bei der Röstung der Kaffeebohnen entstehen können. Gut bekömmlich ist er auch, wenn Sie ihn mit Milch gemischt trinken. Koffeinfreier Kaffee dagegen bereitet oft Beschwerden, weil er nicht reizstoffarm ist.

Gewürze für die Verdauung

Die meisten Kräuter und Gewürze fördern die Gesundheit, mit Salz und scharfen Gewürzen sollten Sie jedoch sparsam umgehen. Bei Magen-Darm-Beschwerden ist es ratsam, tiefgefrorene Kräuter zu verwenden oder die Kräuter mitzugaren.

Nicht nur beim Reizdarmsyndrom können scharfe Gewürze wie Pfeffer, Chili und Curry zu Irritationen der Dünndarmschleimhaut führen. Die Nährstoffe gelangen unverdaut in den Dickdarm, durch die dortige bakterielle Fermentation entstehen Gase, die den Darm aufblähen und ein Völlegefühl verursachen, das sich schmerzhaft ausweiten kann.

Es gibt aber auch Gewürze und Küchenkräuter, die gezielt den Darm beruhigen und seine Funktion günstig beeinflussen.

Würzen Sie Ihre Mahlzeiten kreativ mit darmberuhigenden Kräutern:

- Anis ist der Klassiker bei Verdauungsbeschwerden. Er wirkt krampflösend und lindert daher Blähungen. Anis wird oft zusammen mit Fenchel und Kümmel eingesetzt.
- Artischocke hat eine appetitanregende, cholesterinsenkende Wirkung und kann bei Gallenbeschwerden lindernd eingesetzt werden.
- Basilikum mildert Blähungen und Krämpfe.
- Fenchelsamen sind besonders bekömmlich, sie wirken krampflösend und lindern Blähungen.
- Flohsamen helfen sowohl bei Verstopfung als auch bei Durchfall.

- Ingwer kann bei Übelkeit, Appetitlosigkeit und Magenproblemen angewendet werden.
- Kamille ist bekannt für ihre entzündungshemmende Wirkung.
- Kümmel fördert die Durchblutung der Magen- und Darmschleimhäute und wirkt krampflösend.
- Kurkuma hilft bei vielen Verdauungsbeschwerden, z. B. Appetitlosigkeit, Völlegefühl, Übelkeit, Erbrechen, Gallenbeschwerden und Blähungen.
- Muskat ist geeignet bei Übelkeit, Durchfall und Blähungen.
- Nelkenwurz regt die Drüsen im Magen-Darm-Trakt an und hilft gegen Krämpfe.
- Pfefferminze besitzt eine krampflösende Wirkung und lindert Blähungen.
- Thymian enthält ätherische Öle und Bitterstoffe, die verdauungsfördernd sind.
- Zitronenmelisse wirkt krampflösend und lindert Blähungen.

Nährstoffzusammensetzung der leichten Vollkost

Wie bereits beschrieben, unterscheidet sich die leichte Vollkost in der Zusammensetzung hinsichtlich der Nährstoffmengen nicht von der normalen Vollkost, das gilt auch für die empfohlene Zusammensetzung der Hauptnährwerte. Die DGE empfiehlt für die Energiezufuhr folgende Richtwerte: 55 bis 60 Prozent Kohlenhydrate, 10 bis 15 Prozent Eiweiß und 30 Prozent Fett. Ebenso ist auch der Gehalt der täglichen Energiezufuhr mit der Vollkost vergleichbar. Um nicht zuzunehmen, sollten

Sie jedoch darauf achten, dass die zugeführte Kalorienmenge mit dem täglichen Verbrauch „harmoniert".

Bei der leichten Vollkost kommen, wie Sie schon gelesen haben, nur gut verträgliche Nahrungsmittel zum Einsatz. Auf Lebensmittel, die oft Beschwerden auslösen, wird verzichtet. Aus diesem Grund sind bei den einzelnen Nährstoffen einige Besonderheiten zu beachten.

Kohlenhydrate

Kohlenhydrate gehören neben Eiweiß und Fett zu den wichtigsten Nährstoffen unserer täglichen Nahrung. Ein Gramm Kohlenhydrate liefert vier Kilokalorien. Kohlenhydrate sind der schnelle Energielieferant für die Muskeln unseres Körpers.

Kohlenhydrate sind in Getreide, Brot, Kartoffeln, Obst, Gemüse, Hülsenfrüchten und Salaten, allerdings auch in Süßigkeiten, Säften, Limonaden, Honig, Kuchen, Keksen oder Schokolade enthalten. Kohlenhydrate werden in Einfachzucker, Doppelzucker und Vielfachzucker unterteilt. Zu den Einfachzuckern gehören Traubenzucker (Glukose), Fruchtzucker (Fruktose) und Schleimzucker (Galaktose). Zu den Doppelzuckern zählen zum Beispiel Haushaltszucker und Milchzucker (Laktose), zu den Vielfachzuckern gehört Stärke.

In der leichten Vollkost sollte der größte Anteil der täglich gegessenen kohlenhydrathaltigen Lebensmittel aus der Gruppe der komplexen Kohlenhydrate stammen. Das bedeutet, dass Sie bei Kartoffeln, Getreideprodukten, Gemüse, Salaten und – je nach Verträglichkeit – auch bei frischem Obst und Hülsenfrüchten reichlich zugreifen sollten. Diese Nahrungsmittel liefern reichlich „gesunde" Kohlenhydrate, Vitamine, Mineralstoffe und darmgesunde Ballaststoffe.

- Getreideprodukte: Vollkornbrot, Vollkornreis und Vollkornnudeln sind besser als Weißmehlprodukte. Beachten Sie Ihre individuelle Verträglichkeit, ggf. probieren Sie vorsichtig einzelne Vollkornprodukte aus.
- Gemüse, Salat, Kartoffeln und Obst: Diese Nahrungsmittel sind äußerst gesund. Frisches Obst bzw. Rohkost wird jedoch nicht von jedem gut vertragen. Testen Sie daher, in welcher Menge Rohkost und frisches Obst für Sie geeignet sind. Gekochtes, geschältes oder zerkleinertes Gemüse oder Obst ist oft bekömmlicher.
- Zucker: Ob Haushaltszucker, brauner Zucker oder Honig – zu viel davon macht dick und fördert die Entstehung von Karies.

Ballaststoffe fördern die Verdauung

Ballaststoffe werden zur Gruppe der Kohlenhydrate gezählt. Früher dachte man, sie seien unnötiger Ballast, weil sie unverdaut wieder ausgeschieden werden. Heute weiß man, dass sie viele wichtige Funktionen im menschlichen Verdauungsapparat übernehmen.

Sie kommen vorwiegend in Getreide- und Vollkornprodukten vor, liefern jedoch keine Kalorien. Außerdem regen sie zum gründlichen Kauen an und verhindern so, dass das Essen zu hastig hinuntergeschlungen wird. Ballaststoffe quellen im Dickdarm auf und beschleunigen dadurch die Darmpassage. Dadurch beugen sie Verstopfung, Darmerkrankungen und sogar Krebs vor.

Gute Lieferanten für Ballaststoffe sind Kleie, Leinsamen, Vollkornmehl, Vollkornprodukte, Vollkornteigwaren und Müsli, Gemüse, Kartoffeln sowie Obst. Achten Sie auf eine ausreichende Trinkmenge, da Ballaststoffe reichlich Flüssigkeit benötigen, um gut quellen zu können. Falls Sie bisher wenig ballaststoffreiche Lebensmittel gegessen haben und dies nun ändern möchten, sollten Sie auf eine ausreichende Flüssigkeitszufuhr (1,5 bis 2 Liter pro Tag) achten.

In der leichten Vollkost sollte die Ballaststoffmenge etwas niedriger liegen als bei der normalen Ernährung. Mindestens 25 Gramm Ballaststoffe sollten Sie aber täglich zu sich nehmen, um eine geregelte Verdauung zu gewährleisten und dennoch keine Unverträglichkeiten zu riskieren. Die Verträglichkeit vieler ballaststoffreicher Lebensmittel ist individuell sehr verschieden. Daher ist es für Sie wichtig, vorsichtig auszuprobieren, welche ballaststoffreichen Nahrungsmittel Sie vertragen. Ballaststoffarme Lebensmittel werden von empfindlichen Menschen besser vertragen als ballaststoffreiche. Beobachten Sie bei ballaststoffreichen Speisen Völlegefühl und Blähungen, stellen Sie Ihren Speiseplan auf leichter verträgliche Lebensmittel um. Tasten Sie sich langsam an Ihre persönliche Toleranzschwelle heran.

So sieht ein Tag mit einer optimalen Ballaststoffverteilung aus:
- 1 Scheibe Vollkornbrot, 1 Scheibe Mischbrot, oder: 1 Portion Müsli, ungezuckert (ca. 2 EL Müslimischung, 100 g Naturjoghurt, ½ geriebener Apfel),
- 1 Apfel, 1 Banane (oder 2 Portionen anderes frisches, verträgliches Obst),
- 3 mittelgroße Kartoffeln,
- 1 große Portion gekochtes Gemüse (200 g) und eine kleine Schüssel gekochter Salat (ca. 150 g).

Sonderfall Kohlenhydratunverträglichkeiten

Laktoseintoleranz

Viele Magen-Darm-Patienten leiden auch unter Laktoseintoleranz. Die Betroffenen können Milchzucker nicht verdauen, weil das milchzuckerspaltende Enzym Laktase in zu geringer Menge vorhanden ist. Der Milchzucker gelangt unverdaut in den Dickdarm und verursacht Übelkeit, Bauchschmerzen und Durchfälle. Eine deutliche Besserung der Beschwerden beobachten Betroffene, wenn sie milchzuckerhaltige Lebensmittel meiden bzw. reduzieren.

Laktosereiche Lebensmittel:	Laktosearme Lebensmittel:
Vollmilch	laktosefreie Milch oder Sojamilch
Eis	selbstgemachtes Fruchtsorbet oder laktosefreies Eis
Milchschokolade	Zartbitterschokolade oder laktosefreie Schokolade
Schmelzkäse	Camembert, Emmentaler

Wichtig bei diagnostizierter Milchzuckerunverträglichkeit ist, die persönliche Toleranzgrenze herauszufinden. Häufig bessern sich die Beschwerden schon, wenn nur ein bestimmtes milchzuckerreiches Lebensmittel reduziert oder weggelassen wird. Teilweise können geringere Mengen auch nach einiger Zeit erneut probiert und toleriert werden.

Mittlerweile gibt es in vielen Supermärkten ein großes Angebot milchzuckerfreier Milchprodukte. Sie können auch Laktase als Tablette einnehmen, wenn Sie ein Milchprodukt essen oder trinken möchten. Es ist ratsam, die Milchzuckerunverträglichkeit beim Arzt eindeutig nachweisen zu lassen.

Fruktoseintoleranz

Bei der Fruchtzuckerunverträglichkeit, der Fruktoseintoleranz, gelangt der Fruchtzucker, der ein natürlicher Bestandteil aller Obst- und zahlreicher Gemüsesorten ist, unverdaut in den Dickdarm. Wie bei der Milchzuckerunverträglichkeit verursacht der unverdaute Fruchtzucker im Dickdarm Blähungen, Durchfälle und Bauchschmerzen. Bestimmte Mengen fruchtzuckerhaltiger Lebensmittel vertragen Menschen mit Fruktoseintoleranz jedoch. Lebensmittel mit geringem Fruchtzuckergehalt sind häufig problemlos in der Verträglichkeit. Jedoch lösen süße Aufstriche wie Honig, Marmelade, Trockenobst oder Fruchtsäfte oft heftigste Beschwerden aus und sollten besser weggelassen werden.

Menschen mit Lebensmittelunverträglichkeiten können durch das Führen eines Ernährungsprotokolls (siehe Seite 16) gut analysieren, welche Mengen bzw. welche Lebensmittel zu Unverträglichkeiten führen.

Eiweiß

Das Wort „Protein" kommt aus dem Griechischen und bedeutet so viel wie „das Erste, das Wichtigste". Das spiegelt den Stellenwert dieses Nährstoffs sehr gut wider, denn ohne Eiweiß funktioniert kein Leben. Ein Gramm Eiweiß liefert vier Kilokalorien.

Unser Körper benötigt Eiweiß als Baustein für neue Zellen (z. B. Muskelzellen) und zur Produktion vieler körpereigener Hormone (z. B. Insulin) und Enzyme (z. B. Verdauungsenzyme). Wenn Eiweiß fehlt, nehmen die Abwehrkräfte sowie die körperliche und geistige Leistungsfähigkeit rapide ab.

Eiweiß aus tierischen Lebensmitteln ist für unseren Körper leichter verdaulich als pflanzliches Eiweiß. Aber bei vielen tierischen Lebensmitteln liegt häufig auch der Fettgehalt hoch und kann bei Magen-Darm-Patienten zu Verdauungsproblemen führen. Durch geschicktes kombinieren unterschiedlicher Nahrungseiweiße kann die Verwertung pflanzlicher Eiweißträger gesteigert werden. Ernährungswissenschaftler sprechen in diesem Fall von biologischer Wertigkeit. Günstige Lebensmittelkombinationen sind:

- Kartoffeln + Hühnerei
- Milch + Kartoffeln
- Rindfleisch + Kartoffeln
- Hühnerei + Weizen
- Hühnerei + Soja
- Hühnerei + Mais

Nicht alle eiweißhaltigen Lebensmittel sind gut bekömmlich. Häufig führen Hülsenfrüchte (inklusive Soja) sowie fettreiche oder in reichlich Fett zubereitete tierische Lebensmittel zu Unverträglichkeiten. Bevorzugen Sie weich gekochte Eier, mageren Schinken und Aspik, fettarmen Käse, gekochtes oder gedünstetes Fleisch, Fisch und Geflügel. Eiweißreiche und bekömmliche Lebensmittel sind in aller Regel:

- Mageres Fleisch (z. B. Schweinefilet, Hähnchenbrust, Rinderhack, Pute)
- Magerer Fisch (z. B. Scholle, Seelachsfilet, Kabeljau)
- Magere Käsesorten (z. B. Harzer Roller, körniger Frischkäse, Käseaufschnitt bis 40 % Fett i. Tr.)
- Magere Wurstsorten (z. B. Bierschinken, gekochter Schinken, Aspik, Geflügelaufschnitt)
- Fettreduzierte Milchprodukte wie Magerquark
- Eier (fettarm zubereitet, z. B. gekochtes oder pochiertes Ei)

Fett

Fett ist nicht gleich Fett. Fette werden unterschieden in gesättigte Fettsäuren, Transfettsäuren sowie einfach und mehrfach ungesättigte Fettsäuren. Der Körper benötigt alle Fettarten in unterschiedlichen Mengen. Fett ist für unseren Körper ein wichtiger Energielieferant. Allerdings liefert ein Gramm Fett mehr als doppelt so viel Energie wie die Nährstoffe Eiweiß bzw. Kohlenhydrate (neun Kilokalorien = ein Gramm Fett). Fette stellen unserem Körper zusätzlich fettlösliche Vitamine zur Verfügung.

In unseren täglichen Speisen sollte nicht mehr als 70 bis 80 Gramm Fett enthalten sein. Diese Gesamtmenge ist je nach Essgewohnheiten häufig schnell erreicht. Bei vielen Menschen liegt die tägliche Zufuhr bei 140 g Fett pro Tag! Ungefähr 70 Gramm Fett am Tag erreichen Sie, wenn Sie Folgendes essen:
- 2 Esslöffel Pflanzenöl +
- 1 Esslöffel Streichfett (Butter oder Margarine) +

- 150 g mageres Fleisch bzw. 200 g Fisch (jeweils Rohgewicht) +
- 1 Scheibe magerer Käse +
- 1 Scheibe magerer Schinken/Wurst +
- 1 Becher Naturjoghurt, 1,5 % Fett (150 g) +
- 1 große Tasse Milch, 1,5 % Fett (250 ml) +
- 1 Hühnerei, gekocht oder pochiert (60 g)

Gesättigte Fettsäuren finden sich reichlich in tierischen, fetten Lebensmitteln. Beispielsweise in fettem Käse, fetter Wurst, fettem Fleisch oder fetter Milch und Milchprodukten. Transfettsäuren entstehen bei der Fetthärtung oder stark erhitzten Fetten. Sie können Transfettsäuren reduzieren, wenn Sie auf Lebensmittel verzichten, die den Packungsaufdruck „enthält gehärtete Fette" tragen.

Bei empfindlichen Menschen treten häufig nach dem Verzehr fettreicher Mahlzeiten Blähungen, Bauchkrämpfe oder sogar Durchfälle auf. Ursächlich ist nicht der Nährstoff Fett, sondern die Art bzw. die Menge. Bei der leichten Vollkost findet sich daher ein gut verträglicher Fettgehalt.

Menschen, die bei fettreichem Essen Unverträglichkeiten entwickeln, streichen die Fette oft rigoros aus ihrem täglichen Speiseplan. Dies ist jedoch nicht zu empfehlen, weil Fette für unseren Organismus lebensnotwendig sind. Sie sollten vielmehr auf Qualität und Quantität der Fette achten. Eine mögliche Alternative können für Menschen mit Magen-Darm-Krankheiten bzw. Bauchspeicheldrüsen-, Leber- oder Gallenblasenerkrankungen die sogenannten MCT-Fette sein (siehe Kasten Seite 16).

Frühstück

Erdbeermüsli

Für den Obstkick am Morgen

Zutaten für 2 Portionen

300 g Naturjoghurt,
  1,5 % Fett
4 EL Vollkornhaferflocken
2 TL Cranberrys
2 TL Honig
150 g Erdbeeren

Zubereitungszeit
10 Minuten
Quellzeit
ca. 15 Minuten

Eine Portion enthält
275 kcal/1147 kJ
11 g Eiweiß
5 g Fett
43 g Kohlenhydrate
4 g Ballaststoffe

Zubereitung

1| Joghurt mit Haferflocken, Cranberrys und Honig verrühren und ca. 15 Minuten quellen lassen.

2| Erdbeeren waschen, putzen und Beeren vierteln. Früchte vorsichtig unter das Müsli mengen, auf zwei Müslischalen verteilen und gleich servieren.

Tipp
Im Sommer bieten sich allerlei Beerenfrüchte an, um dieses Müsli abzuwandeln, z. B. Himbeeren, Brombeeren oder Heidelbeeren. Im Winter können Sie mit Bananen oder süßen Äpfeln variieren. Beachten Sie dabei Ihre individuelle Verträglichkeit von frischen Obstsorten. Vielleicht vertragen Sie gedünstetes Obst besser als frisches. Probieren Sie es aus.

Birchermüsli

Lässt sich auch prima am Abend vorbereiten

Zutaten für 2 Portionen

400 ml Kefir
2 geh. EL Vollkornhafer-
   flocken
2 geh. EL andere
   Getreideflocken,
   z. B. Weizenflocken
2 EL Leinsamen
1 EL Rosinen
2 reife Birnen
1 TL Zitronensaft
100 ml milder Apfelsaft
1 TL Zimt
2 TL brauner Zucker

Zubereitungszeit
10 Minuten
Garzeit
ca. 5 Minuten
Quellzeit
ca. 10 Minuten

Eine Portion enthält
384 kcal/1605 kJ
14 g Eiweiß
8 g Fett
60 g Kohlenhydrate
8 g Ballaststoffe

Zubereitung

1| Kefir mit den Getreideflocken, dem Leinsa-
   men und den Rosinen vermischen und ca.
   10 Minuten quellen lassen.
2| Birnen waschen, halbieren, Strunk entfernen
   und Birnenhälften in kleine Würfel schneiden, Birnenwürfel mit Zitronensaft vermischen und mit dem Apfelsaft in einem
   kleinen Topf weich dünsten.
3| Birnenwürfel mit Zimt und Zucker abschme-
   cken und unter die vorbereitete Flocken-
   Kefir-Masse mengen.

Toast mit Kresse-Quark

Würzig-frisch

Zutaten für 2 Portionen

4 Scheiben Toast
4 geh. EL Magerquark
1 EL Milch, 1,5 % Fett
4 EL Kresse
Salz, wenig Pfeffer

Zubereitungszeit
ca. 10 Minuten

Eine Portion enthält
216 kcal/903 kJ
14 g Eiweiß
3 g Fett
32 g Kohlenhydrate
3 g Ballaststoffe

Zubereitung

1| Das Brot toasten. Quark und Milch mit einem Schneebesen glatt rühren. Kresse waschen, gut abtropfen lassen und unter den Quark rühren.
2| Kresse-Quark sparsam würzen, auf die Toastscheiben streichen und servieren.

Porridge mit Himbeeren

Ein warmer Start in den Tag

Zutaten für 2 Portionen

6 geh. EL Vollkornhafer-
flocken
½ TL Zimt
1 Msp. Piment
2 geh. EL Rosinen
2 TL brauner Zucker
200 ml Milch, 1,5 % Fett
200 g Himbeeren

Zubereitungszeit
ca. 10 Minuten
Garzeit
ca. 20 Minuten

Eine Portion enthält
273 kcal/1140 kJ
9 g Eiweiß
4 g Fett
47 g Kohlenhydrate
9 g Ballaststoffe

Zubereitung

1| Haferflocken, 500 ml Wasser und Gewürze zum Kochen bringen. Bei schwacher Hitze ca. 15 Minuten quellen lassen. Die Rosinen zufügen und weitere 5 Minuten quellen lassen.
2| Den Zucker unterrühren. Die Milch erhitzen und unter den Getreidebrei rühren.
3| Die Beeren vorsichtig waschen und zu dem Porridge genießen.

Tipp
Variieren Sie mit den Obstsorten, die Sie gut vertragen. Im Sommer eignen sich beispielsweise kurz gedünstete reife Pfirsiche oder Aprikosen. Im Winter können Sie ein leckeres Zimtapfel- oder Birnenmus unter den Porridge mengen.

Baguettebrötchen mit Camembert und Zuckermelone

Herzhaft-süß

Zutaten für 2 Portionen

2 Baguettebrötchen
4 Blätter Eisbergsalat
100 g fettarmer Camembert
250 g Zuckermelone,
  z. B. Galia

Zubereitungszeit
ca. 10 Minuten

Eine Portion enthält
288 kcal/1204 kJ
16 g Eiweiß
7 g Fett
39 g Kohlenhydrate
2 g Ballaststoffe

Zubereitung

1| Die Baguettebrötchen halbieren. Salatblätter waschen, trockentupfen und die unteren Brötchenhälften damit belegen.

2| Camembert in schmale Scheiben schneiden. Melone schälen und in schmale Spalten schneiden. Camembert und Melonenspalten auf den Baguettebrötchen verteilen, Deckel auflegen und die Brötchen servieren.

Kräuterquark-Tomatenbrot

Herzhaft und schnell zubereitet

Zutaten für 2 Portionen

200 g Magerquark
2 EL gehackte Kräuter,
  z. B. Petersilie, Basilikum
etwas Salz und Pfeffer
½ TL Weißweinessig
1 Tomate
6 Scheiben Baguettebrot
1 EL Basilikumstreifen

Zubereitungszeit
ca. 10 Minuten

Eine Portion enthält
188 kcal/786 kJ
18 g Eiweiß
2 g Fett
24 g Kohlenhydrate
5 g Ballaststoffe

Zubereitung

1| Quark und wenig Wasser mit einem Schnee-besen glatt rühren. Die Kräuter unter den Quark mischen und mit etwas Salz, Pfeffer und Essig abschmecken.

2| Die Tomate waschen, trocknen, halbieren und den Stielansatz entfernen. Die Tomaten-hälften in schmale Spalten schneiden.

3| Die Brotscheiben dick mit dem Quark bestreichen, die Tomatenspalten darauf ver-teilen und mit den Basilikumstreifen garniert servieren.

Kräuterrührei

Schnell und warm

Zutaten für 2 Portionen

2 Eier
1 EL gehackte Kräuter,
  z. B. Petersilie
2 EL Milch, 1,5 % Fett
wenig Salz und Pfeffer
2 TL Rapsöl
2 Roggenbrötchen
2 TL Halbfettbutter

Zubereitungszeit
10 Minuten
Garzeit
ca. 3 Minuten

Eine Portion enthält
248 kcal/1035 kJ
11 g Eiweiß
12 g Fett
22 g Kohlenhydrate
3 g Ballaststoffe

Zubereitung

1| Die Eier aufschlagen, Kräuter, Milch und etwas Salz und Pfeffer zugeben und mit einem Schneebesen verquirlen.

2| Rapsöl in einer beschichteten Pfanne erhitzen. Die Eiermasse hineingeben und bei mittlerer Hitze ca. 3 Minuten garen. Ab und zu mit einem Pfannenwender sanft zerteilen.

3| Brötchen halbieren, buttern und zu dem Rührei servieren.

Schinken-Käse-Pancakes

Der amerikanische Klassiker mal herzhaft

Zutaten für 2 Portionen

2 Eier
200 g Magerquark
4 geh. EL Mehl, Typ 550
5 EL ger. Käse, 30 % Fett i. Tr.
1 EL gehackte Petersilie
etwas Salz und Pfeffer
2 Scheiben gekochter
    Schinken
1 EL Rapsöl

Zubereitungszeit
5 Minuten
Garzeit
ca. 10 Minuten

Eine Portion enthält
473 kcal/1977 kJ
36 g Eiweiß
21 g Fett
33 g Kohlenhydrate
2 g Ballaststoffe

Zubereitung

1| Die Eier in einer Schüssel mit dem Quark mixen, Mehl unterrühren. Den geriebenen Käse, Petersilie, Salz und Pfeffer dazugeben und unterheben.
2| Gekochten Schinken in schmale Streifen schneiden. Die Hälfte des Öls in einer beschichteten Pfanne erhitzen, den Schinken darin anbraten und unter den Teig rühren.
3| Restliches Öl in die Pfanne geben und aus dem Teig kleine Pancakes backen. Heiß servieren.

Vanillescones

Englische Frühstücksbrötchen

Zutaten für 10 Stück

220 g Mehl, Typ 550
100 g Haferflocken
50 g brauner Zucker
2 TL Backpulver
1 Prise Salz
70 g Butter
100 g Naturjoghurt,
   1,5 % Fett
1 Ei
1 Pck. Vanillezucker

Zubereitungszeit
15 Minuten
Backzeit
ca. 15 Minuten

Ein Scone enthält
200 kcal/835 kJ
5 g Eiweiß
8 g Fett
28 g Kohlenhydrate
1 g Ballaststoffe

Zubereitung

1| Den Backofen auf 175 °C (Ober- und Unter-hitze) vorheizen. Mehl, Haferflocken, Zucker, Backpulver und Salz vermischen. Butter in kleinen Stücken zugeben und alles mit den Händen rasch zu einem streuseligen Teig verkneten.

2| Joghurt, Ei und Vanillezucker miteinander verquirlen und zum Teig geben. Wieder rasch verkneten.

3| Aus dem Teig 10 kleine Brötchen formen und auf ein mit Backpapier belegtes Blech setzen. Im heißen Ofen 20 Minuten backen. Die Scones schmecken warm besonders gut.

Brioche

Schmeckt auch am zweiten Tag

Zutaten für ca. 15 Scheiben

100 ml Milch, 1,5 % Fett
50 g Zucker
20 g Hefe
250 g Mehl, Typ 550
3 Eigelb
1 Prise Salz
60 g zimmerwarme
   Halbfettbutter
etwas Milch zum
   Bestreichen

Zubereitungszeit
20 Minuten
Gehzeit
1 Stunde 15 Minuten
Backzeit
ca. 40 Minuten

Eine Scheibe enthält
106 kcal/442 kJ
3 g Eiweiß
3 g Fett
16 g Kohlenhydrate
1 g Ballaststoffe

Zubereitung

1| Die Milch mit 20 g Zucker erwärmen, die Hefe darin unter Rühren auflösen.

2| Mehl, Eigelb, Salz und Butter mit den Knethaken des Handrührgeräts mit der Hefemilch verkneten. Den Teig an einem warmen Ort abgedeckt 45 Minuten gehen lassen.

3| Den Backofen auf 170 °C (Ober- und Unterhitze) vorheizen. Eine Kastenform leicht fetten und bemehlen. Den Teig auf einer bemehlten Arbeitsfläche ausrollen (ca. 30 x 25 cm). Von der Längsseite zur Mitte hin aufrollen und mit der Naht nach unten in die vorbereitete Kastenform geben. Weitere 30 Minuten gehen lassen.

4| Die Teigoberfläche dünn mit Milch bepinseln und der Länge nach einritzen. Brioche im heißen Ofen ca. 40 Minuten backen. Herausnehmen, 5 Minuten abkühlen lassen und aus der Form stürzen, vollständig auskühlen lassen.

Tipp
Falls bei Ihnen frischer Hefeteig zu Unverträglichkeiten führt, genießen Sie die Brioche erst einen Tag nach der Zubereitung.

Apfel-Quark-Brötchen

Auch für zwischendurch

Zutaten für ca. 8 Brötchen

1 Apfel
¼ Pck. Backpulver
125 g Mehl, Typ 550
125 g Magerquark
1 Prise Salz
etwas Milch zum
   Bestreichen

Zubereitungszeit
20 Minuten
Backzeit
15–20 Minuten

Ein Brötchen enthält
74 kcal/308 kJ
4 g Eiweiß
0 g Fett
14 g Kohlenhydrate
1 g Ballaststoffe

Zubereitung

1| Den Apfel waschen, schälen, halbieren, entkernen und in kleine Würfel schneiden.

2| Backpulver und Mehl in eine Schüssel sieben. Quark, Salz und Apfelwürfel zugeben und zu einem geschmeidigem Teig verkneten.

3| Den Backofen auf 220 °C (Ober- und Unterhitze) vorheizen. Aus dem Teig ca. 8 kleine Brötchen formen und auf ein mit Backpapier ausgelegtes Blech setzen.

4| Die Brötchen leicht mit Milch bepinseln und schräg einritzen. Brötchen im heißen Ofen ca. 15 bis 20 Minuten backen.

**Getränke und
Smoothies**

Chaitee

Der Klassiker aus Indien

Zutaten für 2 Portionen

1–2 Pimentkörner
1–2 Gewürznelken
½ TL getr. Ingwer
¼ TL Anis
1 kleine Zimtstange
2 TL Darjeeling- oder
   Assamteeblätter
2 TL brauner Zucker
50 ml Milch, 1,5 % Fett

Zubereitungszeit
ca. 5 Minuten
Kochzeit
10 Minuten
Ziehzeit
2–3 Minuten

Eine Portion enthält
28 kcal/117 kJ
1 g Eiweiß
0 g Fett
5 g Kohlenhydrate
0 g Ballaststoffe

Zubereitung

1| 500 ml Wasser mit den Gewürzen aufkochen und ca. 10 Minuten köcheln lassen. Den Tee mit dem Gewürzwasser aufbrühen und je nach Verträglichkeit 4 bis 5 Minuten ziehen lassen. Alles durch ein kleines Sieb gießen und mit dem Zucker süßen.

2| Die Milch erwärmen und aufschäumen. Den Tee in zwei Teegläser gießen und die Milch und den Milchschaum zugießen.

Tipp

Schwarzer Tee hat nach 4 bis 5 Minuten Ziehzeit eine beruhigende Wirkung auf den Körper. Länger als 5 Minuten sollte der Tee allerdings nicht ziehen, weil sonst zu viele Gerbstoffe herausgelöst werden und er dann bitter schmeckt.

Heiße Vitaminbombe

Power für den Winter

Zutaten für 2 Portionen

1 kleine Zimtstange
1 Sternanis
1 kleines Stück Ingwer
1 EL Früchtetee,
   z. B. Hibiskusblätter
2 TL Honig
2 EL milder Apfelsaft
2 geh. EL Granatapfelkerne

Zubereitungszeit
ca. 5 Minuten
Ziehzeit
ca. 10 Minuten

Eine Portion enthält
47 kcal/196 kJ
0 g Eiweiß
0 g Fett
10 g Kohlenhydrate
1 g Ballaststoffe

Zubereitung

1| 500 ml Wasser zunächst mit den Gewürzen aufkochen und dann die Teeblätter damit übergießen, ca. 10 Minuten ziehen lassen.

2| Teeblätter und Gewürze abseihen, den Tee mit dem Honig und dem Apfelsaft vermengen. Granatapfelkerne in zwei Teegläser verteilen und mit dem heißen Tee aufgießen.

Heißer Früchtepunsch

Für Klein und Groß ein Hochgenuss bei Kälte

Zutaten für 2 Portionen

½ Vanilleschote
300 ml milder Apfelsaft
2 Gewürznelken
2 Sternanis
1 kleine Zimtstange
2 TL Roibuschtee

Zubereitungszeit
ca. 5 Minuten
Kochzeit
10 Minuten
Ziehzeit
2–3 Stunden

Eine Portion enthält
74 kcal/310 kJ
1 g Eiweiß
1 g Fett
16 g Kohlenhydrate
0 g Ballaststoffe

Zubereitung

1| Die Vanilleschote der Länge nach halbieren und das Mark herauskratzen. Zusammen mit Apfelsaft und den Gewürzen in einen kleinen Topf geben und erhitzen, nicht kochen lassen. Den Punsch ca. 2 Stunden ziehen lassen.

2| Den Tee mit 300 ml heißem Wasser aufgießen und 5 Minuten ziehen lassen. Den Tee zum Punsch gießen und nochmals erhitzen. Den Punsch durch ein kleines Sieb gießen und gleich servieren.

Winterschokolade

Ein Adventshighlight

Zutaten für 2 Portionen

500 ml Milch, 1,5 % Fett
1 Zimtstange
2 EL Kakaopulver
½ TL Zimtpulver

Zubereitungszeit
ca. 5 Minuten
Kochzeit
3 Minuten

Eine Portion enthält
142 kcal/593 kJ
10 g Eiweiß
6 g Fett
13 g Kohlenhydrate
2 g Ballaststoffe

Zubereitung

1| 400 ml Milch in einem kleinen Topf mit der Zimtstange zum Kochen bringen. Das Kakaopulver in die kochende Milch einrühren und ca. 2 Minuten bei kleiner Hitze köcheln lassen.

2| Die restliche Milch erwärmen und aufschäumen. Die Zimtstange entfernen und den Kakao in zwei große Tassen gießen, den Milchschaum zugießen und mit Zimtpulver garniert servieren.

Mandarinenlimonade

Die Süße bestimmen Sie

Zutaten für 1 Liter

3 EL brauner Zucker
100 ml frisch gepresster
Mandarinensaft
einige Blättchen
Zitronenmelisse
900 ml stilles Mineralwasser

Zubereitungszeit
ca. 5 Minuten

Eine Portion (250 ml) enthält
56 kcal/236 kJ
0 g Eiweiß
0 g Fett
13 g Kohlenhydrate
0 g Ballaststoffe

Zubereitung

1| Zucker – je nach Geschmack nehmen Sie
mehr oder weniger – mit der Hälfte des
Mandarinensaftes verrühren bzw. in einen
Schüttelbecher geben und kräftig schütteln.
2| Zitronenmelisse waschen, trocknen, Blätt-
chen abzupfen und zusammen mit den rest-
lichen Zutaten in einen großen Krug geben.
Mit einem langen Löffel einmal kräftig verrühren und gleich servieren.

Tipp
Sollten Sie Zitrusfrüchte nicht vertragen,
können Sie stattdessen Apfelsaft verwenden.
Bei guter Verträglichkeit können Sie natürlich
auch kohlensäurehaltiges Mineralwasser verwenden.

Aprikosen-Zimt-Lassi

Ein erfrischender Drink an heißen Sommertagen

Zutaten für 2 Portionen

300 g reife, entsteinte
  Aprikosen
1 TL brauner Zucker
300 g Naturjoghurt,
  1,5 % Fett
100 ml Buttermilch
½ TL Zimt

Zubereitungszeit
ca. 5 Minuten
Garzeit
ca. 5 Minuten

Eine Portion enthält
162 kcal/679 kJ
8 g Eiweiß
3 g Fett
24 g Kohlenhydrate
3 g Ballaststoffe

Zubereitung

1| Die vorbereiteten Aprikosen in kleine Stücke schneiden. Aprikosen und Zucker mit etwas Wasser in einen Topf geben und unter Rühren erhitzen. Aufkochen und einige Minuten köcheln lassen, bis das Obst weich ist. Mit einem Pürierstab pürieren, ggf. noch etwas Wasser zufügen. Abkühlen lassen.

2| Joghurt, Buttermilch, Zimt und Aprikosenpüree in ein hohes Mixglas geben und kräftig durchmixen. In zwei große Gläser gießen und gleich servieren.

Trinkjoghurt Zitrone

Schnell und frisch

Zutaten für 2 Portionen

½ Biozitrone
3 Stängel Pfefferminze
500 g Naturjoghurt,
    1,5 % Fett
1 EL Ahornsirup oder Zucker

Zubereitungszeit
ca. 10 Minuten

Eine Portion enthält
151 kcal/631 kJ
9 g Eiweiß
4 g Fett
19 g Kohlenhydrate
0 g Ballaststoffe

Zubereitung

1| Die Zitrone heiß waschen, Schale abreiben und die Zitrone auspressen, vom Saft 1 bis 2 Esslöffel abmessen.

2| Pfefferminze waschen, Blättchen abzupfen. Pfefferminzblättchen, Joghurt, Ahornsirup bzw. Zucker, Zitronenschale und 2 Esslöffel Zitronensaft in ein hohes Mixglas geben. Alles kräftig durchmixen und in zwei große Gläser gießen.

Tipp
Probieren Sie die Menge des Zitronensafts je nach Verträglichkeit vorsichtig aus.

Heidelbeer-Joghurt-Shake

Frisch und beruhigend für den Magen

Zutaten für 2 Portionen

200 g frische Heidelbeeren
1 Handvoll andere Beeren,
    z. B. Erdbeeren (ca. 50 g)
300 g Naturjoghurt,
    1,5 % Fett
100 ml Milch, 1,5 % Fett
3 Stängel Pfefferminze

Zubereitungszeit
ca. 10 Minuten

Eine Portion enthält
145 kcal/604 kJ
8 g Eiweiß
4 g Fett
18 g Kohlenhydrate
6 g Ballaststoffe

Zubereitung

1| Die Beeren verlesen, waschen, von den Erdbeeren den Strunk entfernen und große Beeren vierteln.
2| Beeren mit dem Joghurt und der Milch in ein hohes Mixglas geben.
3| Pfefferminze waschen, Blättchen abzupfen und ebenfalls in das Mixglas geben, kräftig durchmixen und in zwei große Gläser gießen.

Tipp
Pfefferminze wirkt besonders gut gegen Blähungen und Krämpfe. Als weiteres Kraut können Sie dagegen auch Zitronenmelisse einsetzen.

Mango-Smoothie

Herrlich fruchtige Erfrischung

Zutaten für 2 Portionen

1 Banane
1 kleine Mango
200 ml Mangosaft
100 ml Kefir

Zubereitungszeit
ca. 5 Minuten

Eine Portion enthält
171 kcal/714 kJ
4 g Eiweiß
1 g Fett
34 g Kohlenhydrate
3 g Ballaststoffe

Zubereitung

1| Banane und Mango schälen. Banane und Mangofruchtfleisch in grobe Stücke schneiden und in ein hohes Mixglas geben
2| Mangosaft und Kefir zugießen und das Ganze kräftig durchmixen. Falls der Smoothie zu dickflüssig ist, mit etwas kaltem Wasser verdünnen.
3| In zwei große Gläser gießen und gleich servieren.

Tipp
Bei Unverträglichkeit gegenüber Mango ersetzen Sie beides durch für Sie verträgliches Obst und Saft.

Melonen-Bananen-Smoothie

Erfrischender Sommerdrink

Zutaten für 2 Portionen

500 g Zuckermelone,
  z. B. Galia
1 Banane
½ EL Zitronensaft
150 g Naturjoghurt,
  1,5 % Fett
150 ml milder Apfelsaft
Zimt

Zubereitungszeit
ca. 10 Minuten

Eine Portion enthält
221 kcal/923 kJ
5 g Eiweiß
1 g Fett
45 g Kohlenhydrate
2 g Ballaststoffe

Zubereitung

1| Melone schälen, Kerne entfernen und Fruchtfleisch in grobe Stücke schneiden. Banane ebenfalls schälen und in grobe Scheiben schneiden.
2| Melonen- und Bananenstücke in ein hohes Mixglas geben. Zitronensaft, Joghurt und Apfelsaft dazugeben und kräftig durchmixen.
3| Smoothie in zwei große Gläser gießen und mit etwas Zimt bestreut servieren.

Tipp
Variieren Sie im Sommer mit verschiedenen Melonensorten. Im Winter probieren Sie gedünstete Apfelstücke und etwas Spekulatius- oder Lebkuchengewürz.

Salate

Sellerie-Käse-Salat

Fruchtig-frischer Salat zum Grillabend

Zutaten für 2 Portionen

4 Stangen Sellerie (ca. 500 g)
1 Stück Edamer, 30 % Fett
   i. Tr. (ca. 50 g)
4 EL Mandarinen (Dose)
2 EL Naturjoghurt, 1,5 % Fett
1 EL Walnussöl
2 EL Mandarinensaft
1 TL Dijonsenf
Salz, Pfeffer

Zubereitungszeit
15 Minuten

Eine Portion enthält
222 kcal/929 kJ
11 g Eiweiß
13 g Fett
15 g Kohlenhydrate
6 g Ballaststoffe

Tipp
Rohes Gemüse wird verträglicher, wenn Sie es drei bis fünf
Minuten in kochendem Salzwasser blanchieren.

Zubereitung

1| Die Selleriestangen waschen, putzen (einige Blätter aufheben), in schmale Scheiben schneiden. Käse in kleine Würfel schneiden. Mandarinensaft auffangen, Mandarinen abtropfen lassen.

2| Aus Joghurt, Öl, Mandarinensaft und Senf ein Salatdressing zubereiten. Mit wenig Salz und Pfeffer sowie den gewaschenen und in feine Streifen geschnittenen Sellerieblättern abschmecken.

3| Die vorbereiteten Salatzutaten mit dem Dressing vermengen, abschmecken und bei Bedarf nochmals nachwürzen.

Farfalle-Salat

Der Bestseller-Salat in unserer Familie

Zutaten für 2 Portionen

120 g Farfalle
   (Schmetterlingsnudeln)
2 EL Naturjoghurt, 1,5 % Fett
2 TL Olivenöl
1 TL Essig
Salz, Pfeffer, Zucker
½ Bund Basilikum
1 Schale Cocktailtomaten
½ Kugel Mozzarella,
   fettreduziert

Zubereitungszeit
30 Minuten
Marinierzeit
30 Minuten
Garzeit
ca. 15 Minuten

Eine Portion enthält
354 kcal/1481 kJ
15 g Eiweiß
12 g Fett
45 g Kohlenhydrate
4 g Ballaststoffe

Zubereitung

1| Die Nudeln in reichlich Salzwasser al dente garen.

2| Aus Joghurt, Öl und Essig ein Salatdressing zubereiten. Mit wenig Salz, Pfeffer und Zucker und dem gewaschenen, in feine Streifen geschnittenen Basilikum abschmecken.

3| Tomaten waschen, halbieren. Mozzarella abtropfen lassen und in kleine Würfel schneiden. Mit den Nudeln und dem Dressing vermengen und ca. 30 Minuten ziehen lassen. Nochmals abschmecken.

Reissalat

Fruchtig-pikant

Zutaten für 2 Portionen

100 g Reis
Salz
1 Scheibe gekochter
   Schinken
3 EL Mandarinen (Dose)
1 Stück Zucchini (ca. 100 g)
2 Stängel Petersilie
2 EL Naturjoghurt, 1,5 % Fett
2 EL Mandarinensud
1 EL Walnussöl
1 TL Essig
1 Prise Zucker

Zubereitungszeit
30 Minuten
Marinierzeit
30 Minuten
Garzeit
ca. 20 Minuten

Eine Portion enthält
344 kcal/1437 kJ
9 g Eiweiß
11 g Fett
51 g Kohlenhydrate
2 g Ballaststoffe

Zubereitung

1| Reis in reichlich Salzwasser ca. 20 Minuten garen.

2| Schinken in kleine Würfel schneiden. Mandarinen gut abtropfen lassen, 2 Esslöffel Mandarinensud auffangen. Zucchini waschen, putzen und in kleine Würfel schneiden. Petersilie waschen, Blättchen abzupfen und fein schneiden.

3| Aus Joghurt, Mandarinensud, Öl und Essig ein Salatdressing herstellen. Mit wenig Salz, Pfeffer, Zucker und Peterslilie abschmecken. Abgetropften Reis, Schinken, Mandarinen und Zucchiniwürfel mit dem Dressing vermengen und ca. 30 Minuten ziehen lassen. Nochmals abschmecken.

Tipp
Rohes Gemüse wird verträglicher, wenn Sie es drei bis fünf Minuten in kochendem Salzwasser blanchieren.

Frühlingskartoffelsalat

Mit dem gewissen Etwas

Zutaten für 2 Portionen

500 g Kartoffeln,
  festkochend
100 g grüner Spargel
100 g Cocktailtomaten
125 ml Gemüsebrühe
25 ml Weißweinessig
Salz, Pfeffer, Zucker
½ Schale Kresse
1 EL Olivenöl

Zubereitungszeit
20 Minuten
Marinierzeit
2 Stunden
Garzeit
ca. 25 Minuten

Eine Portion enthält
271 kcal/1132 kJ
8 g Eiweiß
9 g Fett
38 g Kohlenhydrate
7 g Ballaststoffe

Zubereitung

1| Kartoffeln waschen und mit der Schale je nach Größe in 20 bis 25 Minuten weich kochen.

2| Spargel waschen und das untere Drittel schälen. Die Stangen schräg in ca. 3 cm lange Stücke schneiden und in kochendem Salzwasser 3 Minuten blanchieren. Cocktailtomaten waschen, halbieren und vierteln.

3| Gemüsebrühe aufkochen lassen, vom Herd ziehen und mit Essig und Gewürzen mild abschmecken. Kresse waschen, trocknen.

4| Kartoffeln schälen und in Scheiben schneiden, mit der vorbereiteten noch warmen Brühe, dem Spargel und den Tomaten vermischen und ca. 2 Stunden ziehen lassen.

5| Vor dem Servieren das Öl untermengen, nochmals abschmecken und mit der Kresse garniert servieren.

Winterkartoffelsalat

Einfach und deftig

Zutaten für 2 Portionen

400 g Kartoffeln,
  festkochend
1 Stück Knollensellerie
  (ca. 300 g)
125 ml Gemüse- oder
  Fleischbrühe
25 ml Weißweinessig
Salz, Pfeffer, Zucker
einige Stängel Selleriegrün
1 EL Rapsöl

Zubereitungszeit
20 Minuten
Marinierzeit
2 Stunden
Garzeit
ca. 25 Minuten

Eine Portion enthält
248 kcal/1037 kJ
7 g Eiweiß
9 g Fett
33 g Kohlenhydrate
10 g Ballaststoffe

Zubereitung

1| Die Kartoffeln gründlich waschen und mit der Schale je nach Größe in 20 bis 25 Minuten weich kochen.

2| Knollensellerie waschen, schälen und in ca. 1,5 cm dicke Scheiben schneiden. Brühe zum Kochen bringen und die Selleriescheiben darin ca. 3 bis 5 Minuten bissfest garen. Zur Seite stellen, abkühlen lassen. Den Sellerie abgießen und die Brühe auffangen.

3| Die Brühe mit Essig und Gewürzen mild abschmecken. Das Selleriegrün waschen, trocknen und fein schneiden. Kartoffeln schälen und in Scheiben schneiden, mit der vorbereiteten Brühe, dem Sellerie und dem Selleriegrün vermischen und ca. 2 Stunden ziehen lassen.

4| Vor dem Servieren das Öl untermengen, nochmals abschmecken.

Gekochter Karottensalat à la Mama

Einfach, aber lecker

Zutaten für 2 Portionen

500 g Karotten
Salz
100 ml Gemüsebrühe
1 EL Himbeeressig
Salz, Pfeffer, Zucker
½ kleiner Bund Petersilie
1 EL Olivenöl

Zubereitungszeit
10 Minuten
Marinierzeit
2 Stunden
Garzeit
ca. 15 Minuten

Eine Portion enthält
146 kcal/609 kJ
3 g Eiweiß
9 g Fett
13 g Kohlenhydrate
9 g Ballaststoffe

Zubereitung

1| Die Karotten waschen und ungeschält mit einer Prise Salz in einem Dämpftopf in 10 bis 15 Minuten nicht zu weich kochen.

2| Gemüsebrühe aufkochen lassen, vom Herd ziehen und mit Essig und Gewürzen mild abschmecken. Petersilie waschen, trocknen, Blättchen abzupfen und fein hacken.

3| Karotten etwas abkühlen lassen, Schale abkratzen und in ca. 1 cm dicke Scheiben schneiden. Karotten mit der vorbereiteten Brühe und der Petersilie vermischen und ca. 2 Stunden ziehen lassen.

4| Vor dem Servieren das Öl untermengen und nochmals abschmecken.

Sommersalat mit gebratener Hähnchenbrust

Perfekt für den Sommerabend

Zutaten für 2 Portionen

½ Kopfsalat
1 Handvoll Cocktailtomaten
2 Scheiben Käse, 30 % Fett
 i. Tr.
1 Hähnchenbrustfilet
 (ca. 150 g)
2 TL Rapsöl
Salz, Pfeffer
2 EL Naturjoghurt, 1,5 % Fett
2 TL Zitronensaft
1 TL Honig

Zubereitungszeit
20 Minuten
Garzeit
ca. 8 Minuten

Eine Portion enthält
260 kcal/1086 KJ
31 g Eiweiß
11 g Fett
5 g Kohlenhydrate
1 g Ballaststoffe

Zubereitung

1| Den Salat putzen, waschen und in mundgerechte Stücke zupfen. Die Tomaten waschen, trocknen und halbieren. Den Käse in schmale Streifen schneiden.

2| Das Hähnchenbrustfilet waschen, trocknen und in schmale Streifen schneiden. Das Öl in einer beschichteten Pfanne erhitzen und die Hähnchenstreifen darin von allen Seiten sanft anbraten; bevor das Fleisch bräunt, aus der Pfanne nehmen.

3| Aus Joghurt, Zitronensaft, Honig, Salz und Pfeffer ein mildes Dressing herstellen. Die Salatzutaten auf einem großen Teller anrichten und mit dem Dressing beträufeln.

Rote-Beete-Salat

Salatklassiker

Zutaten für 2 Portionen

400 g Rote Beete
Salz
100 ml Gemüsebrühe
1 EL Apfelessig
Salz, Pfeffer, Zucker
½ kleines Bund Dill
1 EL Walnussöl

Zubereitungszeit
10 Minuten
Marinierzeit
ca. 15 Minuten
Garzeit
ca. 50 Minuten

Eine Portion enthält
153 kcal/639 kJ
3 g Eiweiß
8 g Fett
16 g Kohlenhydrate
4 g Ballaststoffe

Zubereitung

1| Rote Beete waschen, in einen Topf geben und knapp mit Wasser bedeckt bei mittlerer Hitze ca. 50 Minuten weich kochen.
2| Gemüsebrühe aufkochen lassen, vom Herd ziehen und mit Essig und Gewürzen mild abschmecken.
3| Dill waschen, trocknen, Blättchen abzupfen und fein wiegen.
4| Rote Beete abschrecken, etwas abkühlen lassen. Einweghandschuhe anziehen und die Schale abziehen. Rote Beete in ca. 1 cm dicke Scheiben schneiden. Rote Beete mit der vorbereiteten Brühe und dem Dill vermischen und ca. 15 Minuten ziehen lassen.
5| Vor dem Servieren das Öl untermengen und nochmals abschmecken.

Tipp
Statt frischer Roter Beete können Sie alternativ vorgekochte Rote Beete verwenden.

Portulaksalat mit Äpfeln

Unbedingt ausprobieren!

Zutaten für 2 Portionen

2 Portionen Portulak
   (insgesamt ca. 100 g)
1 Apfel
1 TL Butter
1 TL brauner Zucker
1 EL Apfelessig
1 EL Rapsöl
Salz, Pfeffer, 1 Prise Zucker
2 Stängel Petersilie

Zubereitungszeit
ca. 10 Minuten

Eine Portion enthält
136 kcal/567 kJ
1 g Eiweiß
11 g Fett
8 g Kohlenhydrate
2 g Ballaststoffe

Zubereitung

1| Portulaksalat waschen, trocken schleudern.
2| Apfel waschen, halbieren, entkernen und in schmale Scheiben schneiden. Butter schmelzen lassen, Apfelscheiben zugeben und einige Minuten andünsten, mit Zucker bestreuen und kurz mitdünsten. Zur Seite stellen und etwas abkühlen lassen.
3| Aus Essig, Öl, Gewürzen ein Dressing herstellen. Petersilie waschen, trocknen und Blättchen abzupfen, fein hacken und unter das Dressing rühren.
4| Portulak auf zwei Tellern verteilen, Apfelscheiben darauf verteilen und mit dem Dressing beträufeln.

Tipp

Fragen Sie Ihren Gemüsehändler nach diesem Salat. Portulak ist reich an Vitamin C, Kalium, Kalzium und Magnesium. Portulak ist auch für seine magenstärkende Wirkung bekannt. Wenn Sie ihn nicht bekommen, schmeckt dieses Rezept auch mit Rucola.

Backofengemüsesalat

Lecker in der kalten Jahreszeit

Zutaten für 2 Portionen

2 Rote Beete (ca. 300 g)
2 Karotten (ca. 300 g)
1 Pastinake (ca. 200 g)
1 EL Olivenöl
1 EL Zitronensaft
2 TL Ahornsirup
Salz, Pfeffer
2 Stängel Petersilie
2 Stängel Kerbel

Zubereitungszeit
20 Minuten
Garzeit
ca. 30 Minuten

Eine Portion enthält
205 kcal/857 kJ
5 g Eiweiß
9 g Fett
26 g Kohlenhydrate
13 g Ballaststoffe

Zubereitung

1| Den Backofen auf 200 °C (Ober- und Unter-hitze) vorheizen. Rote Beete, Karotten und Pastinake waschen, putzen, schälen (zum Schälen der Roten Beete Einmalhandschuhe anziehen). Rote Beete in ca. 1,5 cm dicke Spalten schneiden. Karotten und Pastinake der Länge nach halbieren und vierteln, Pasti-nakenviertel nochmals halbieren.

2| Öl, Zitronensaft und Ahornsirup vermengen und die Gemüsestücke damit vermischen. Gemüse auf ein Backblech geben und im heißen Ofen ca. 30 Minuten garen.

3| Kräuter waschen, trocknen, Blättchen abzupfen und fein hacken. Gemüse etwas abkühlen lassen und mit den Kräutern und Gewürzen mild abschmecken.

Gemischter Blattsalat mit Joghurt-Kräuter-Dressing

Im Sommer am liebsten jeden Tag

Zutaten für 2 Portionen

2 Portionen bunte
    Blattsalate (ca. 160 g), z. B.
    Lollo rosso und Kopfsalat
150 g Naturjoghurt,
    1,5 % Fett
1 EL weißer Balsamicoessig
Salz, Pfeffer, 1 Prise Zucker
2 Stängel Petersilie
2 Stängel Kerbel
2 Stängel Dill

Zubereitungszeit
10 Minuten

Eine Portion enthält
53 kcal/222 kJ
4 g Eiweiß
1 g Fett
6 g Kohlenhydrate
1 g Ballaststoffe

Zubereitung

1| Salate waschen, trocken schleudern und in mundgerechte Stücke zerpflücken.
2| Aus Joghurt, Essig und Gewürzen ein mildes Dressing herstellen.
3| Kräuter waschen, trocknen, Blättchen abzupfen und fein hacken. Unter das Dressing mischen und dieses über die vorbereiteten Salatblätter gießen.

Dips, Dressings & Saucen

Kräuterdressing

Würzig und gesund

Zutaten für 2 Portionen

1 EL Walnussöl
1 EL Apfelessig
Salz, Pfeffer, 1 Prise Zucker
1 TL Sojasauce
1 Handvoll Rucola
2 Stängel Petersilie
2 Stängel Kerbel

Zubereitungszeit
ca. 5 Minuten

Eine Portion enthält
81 kcal/338 kJ
1 g Eiweiß
8 g Fett
2 g Kohlenhydrate
0 g Ballaststoffe

Zubereitung

1| Öl, Essig und Gewürze und Sojasauce miteinander vermengen.

2| Rucola und Kräuter waschen, trocknen. Rucola verlesen, die Kräuterblättchen abzupfen und alles fein hacken. Unter das vorbereitete Dressing mischen und abschmecken.

Fruchtiges Salatdressing

Nussig-fruchtiges Geschmackserlebnis

Zutaten für 2 Portionen

1 TL Walnussöl
2 EL Kefir, fettarm
1 TL Apfelessig
2 EL Apfelmus
Salz, Pfeffer, 1 Prise Zimt
1 TL Worcestersauce
2 Stängel Petersilie

Zubereitungszeit

ca. 5 Minuten

Eine Portion enthält
45 kcal/189 kJ
1 g Eiweiß
3 g Fett
3 g Kohlenhydrate
0 g Ballaststoffe

Zubereitung

1| Öl, Kefir, Essig, Apfelmus und Gewürze mit der Worcestersauce gut vermengen.
2| Petersilie waschen, trocknen, Blättchen abzupfen und fein hacken. Unter das vorbereitete Dressing mischen und abschmecken.

Frucht-Dip

Perfekt zu gegrilltem Fleisch

Zutaten für 2 Portionen

80 ml frisch gepresster
   Orangensaft
20 ml Kirschsaft oder
   Cranberrysaft
1 TL abgeriebene Schale
   einer Bioorange
50 g saure Sahne
50 g Naturjoghurt, 1,5 % Fett
Salz, 1 Prise Zucker
1 Schuss Worcestersauce

Zubereitungszeit
ca. 5 Minuten
Garzeit
10–15 Minuten

Eine Portion enthält
97 kcal/404 kJ
3 g Eiweiß
3 g Fett
12 g Kohlenhydrate
1 g Ballaststoffe

Tipp
Sollten Sie Zitrusfrüchte nicht
vertragen, können Sie stattdessen einen milden Apfelsaft
verwenden.

Zubereitung

1| Die Säfte in einem kleinen Topf zum Kochen
bringen und auf ca. 25 ml einkochen und
abkühlen lassen.
2| Mit Orangenschale, saurer Sahne und
Joghurt verrühren, mit den Gewürzen und
der Würzsauce mild abschmecken.

Quark-Käse-Creme

Als Brotaufstrich oder zum Dippen

Zutaten für 2 Portionen

½ Pck. Magerquark
75 g Naturjoghurt, 1,5 % Fett
Salz, Pfeffer, 1 Prise Zucker
40 g Emmentaler,
   30 % Fett i. Tr.
½ kleines Bund Kerbel

Zubereitungszeit
ca. 10 Minuten

Eine Portion enthält
141 kcal/591 kJ
18 g Eiweiß
4 g Fett
5 g Kohlenhydrate
0 g Ballaststoffe

Zubereitung

1| Quark und Joghurt in einer Schüssel vermengen. Mit den Gewürzen mild abschmecken, den Käse fein reiben und unter den Quark mischen.

2| Kerbel waschen, trocknen, Blättchen abzupfen und fein hacken. Unter den vorbereiteten Käse-Quark mischen und nochmals abschmecken.

Pfirsich-Tomaten-Salsa

Lecker zu gegrilltem Geflügel

Zutaten für 2 Portionen

2 Pfirsichhälften (Dose)
½ reife Fleischtomate
2 EL Pfirsichsud
1 EL Tomatenketchup
1 TL Zitronensaft
Salz, Pfeffer
4 Stängel Basilikum

Zubereitungszeit
ca. 5 Minuten

Eine Portion enthält
69 kcal/288 kJ
1 g Eiweiß
0 g Fett
15 g Kohlenhydrate
2 g Ballaststoffe

Zubereitung

1| Die Pfirsiche abtropfen lassen, 2 Esslöffel vom Pfirsichsud auffangen. Pfirsiche in kleine Würfel schneiden. Die Tomate waschen, den Strunk herausschneiden und das Fruchtfleisch in kleine Würfel schneiden.

2| Pfirsichsud, Tomatenketchup, Zitronensaft und die Gewürze vermengen. Basilikum waschen, trocknen, Blättchen abzupfen und fein hacken. Die vorbereiteten Zutaten miteinander vermengen und nochmals abschmecken.

Buttermilch-Dressing

Frisch und sommerlich

Zutaten für 2 Portionen

1 TL Rapsöl
4 EL Buttermilch
1 TL Himbeeressig
Salz, Pfeffer, 1 Prise Zucker
2 Stängel Kerbel

Zubereitungszeit
ca. 5 Minuten

Eine Portion enthält
43 kcal/178 kJ
1 g Eiweiß
3 g Fett
2 g Kohlenhydrate
0 g Ballaststoffe

Zubereitung

1| Öl, Buttermilch, Essig und Gewürze miteinander vermengen.

2| Kerbel waschen, trocknen, Blättchen abzupfen und fein hacken. Unter das vorbereitete Dressing mischen und nochmals abschmecken.

Joghurt-Dressing

Unschlagbar zu frischem Blattsalat

Zutaten für 2 Portionen

1 TL Rapsöl
2 EL Naturjoghurt, 1,5 % Fett
1 EL Weißweinessig
1 TL Ahornsirup
Salz, Pfeffer
1 Stängel Petersilie

Zubereitungszeit
ca. 5 Minuten

Eine Portion enthält
50 kcal/209 kJ
1 g Eiweiß
3 g Fett
4 g Kohlenhydrate
0 g Ballaststoffe

Zubereitung
1| Öl, Joghurt, Essig, Ahornsirup und Gewürze miteinander vermengen.
2| Petersilie waschen, trocknen, Blättchen abzupfen und fein hacken. Unter das vorbereitete Dressing mischen und abschmecken.

Kräutersauce

Vielseitig verwendbar

Zutaten für 2 Portionen

2 Stängel Petersilie
2 Stängel Dill
2 Stängel Kerbel
2 TL Butter
2 TL Mehl
150 ml Fleisch- oder
  Gemüsebrühe
50 ml Milch, 1,5 % Fett
Salz, Pfeffer, Muskatnuss

Zubereitungszeit
ca. 5 Minuten
Garzeit
ca. 5 Minuten

Eine Portion enthält
87 kcal/364 kJ
2 g Eiweiß
6 g Fett
5 g Kohlenhydrate
0 g Ballaststoffe

Zubereitung

1| Die Kräuter waschen, trocknen, Blättchen abzupfen und fein schneiden.
2| Butter in einem Topf schmelzen lassen, Mehl zugeben und mit einem Schneebesen kräftig verrühren. Unter ständigem Rühren nach und nach die Brühe und die Milch zugießen, aufkochen lassen und 1 Minute sprudelnd kochen lassen.
3| Die Sauce mit den Gewürzen mild abschmecken, die Kräuter zugeben und sofort servieren.

Tipp
Diese Sauce lässt sich beliebig abwandeln. Auch zu Fischgerichten passt sie wunderbar, wenn Sie statt der Brühe Fischfond zum Ablöschen verwenden.

Käsesauce

Schnell zubereitet

Zutaten für 2 Portionen

2 TL Butter
2 TL Mehl
150 ml Geflügelbrühe
40 g Bergkäse
Salz, Pfeffer, Muskatnuss
2 Stängel Kerbel

Zubereitungszeit
ca. 5 Minuten
Garzeit
ca. 5 Minuten

Eine Portion enthält
150 kcal/628 kJ
7 g Eiweiß
12 g Fett
4 g Kohlenhydrate
0 g Ballaststoffe

Zubereitung

1| Butter in einem Topf schmelzen lassen, Mehl zugeben und mit einem Schneebesen kräftig verrühren. Unter ständigem Rühren nach und nach die Brühe zugießen, aufkochen lassen und 1 Minute sprudelnd kochen lassen.

2| Den Käse reiben oder in kleine Würfel schneiden und in der heißen Sauce unter Rühren schmelzen lassen. Die Sauce mit den Gewürzen mild abschmecken. Kerbel waschen, Blättchen abzupfen und vor dem Servieren unter die Sauce rühren.

Suppen und Eintöpfe

Kürbis-Ingwer-Suppe

Exotische Herbstsuppe

Zutaten für 2 Portionen

350 g Hokkaidokürbis
2 mittelgroße Kartoffeln
1 Stück Ingwer (ca. 20 g)
2 TL Kürbiskern- oder Rapsöl
500 ml Gemüsebrühe
Salz, Pfeffer, Kurkuma

Zubereitungszeit
ca. 15 Minuten
Garzeit
ca. 25 Minuten

Eine Portion enthält
190 kcal/795 kJ
6 g Eiweiß
6 g Fett
26 g Kohlenhydrate
6 g Ballaststoffe

Zubereitung

1| Den Kürbis waschen, entkernen und in grobe Würfel schneiden. Die Kartoffeln waschen, schälen und ebenfalls grob würfeln. Den Ingwer schälen und in feine Würfel schneiden.

2| Das Öl erhitzen und die Kürbis- und Kartoffelwürfel darin sanft andünsten. Den Ingwer kurz mitdünsten und die Gemüsebrühe zugeben. Die Suppe aufkochen lassen und 15 bis 20 Minuten bei mittlerer Hitze köcheln lassen.

3| Suppe mit Salz, Pfeffer und Kurkuma mild würzen und mit einem Pürierstab fein mixen. Abschmecken und heiß servieren.

Basilikumcremesuppe

Aromatisch-köstlich

Zutaten für 2 Portionen

2 mittelgroße Kartoffeln
1 kleines Bund Basilikum
1 TL Olivenöl
¼ l Gemüsebrühe
250 ml Milch, 1,5 % Fett
Salz, Pfeffer, Muskatnuss
2 EL Frischkäse, fettreduziert

Zubereitungszeit
ca. 20 Minuten
Garzeit
ca. 10 Minuten

Eine Portion enthält
220 kcal/921 kJ
11 g Eiweiß
10 g Fett
20 g Kohlenhydrate
2 g Ballaststoffe

Zubereitung

1| Kartoffeln waschen, schälen und grob würfeln. Basilikum waschen, trocknen und Blättchen in feine Streifen schneiden.

2| Öl kurz erhitzen und die Kartoffelwürfel darin sanft andünsten, Gemüsebrühe und Milch angießen, Suppe aufkochen lassen. Suppe bei mittlerer Hitze ca. 10 bis 15 Minuten köcheln lassen.

3| Suppe mit Salz, Pfeffer und Muskatnuss mild würzen und mit einem Pürierstab fein mixen. Frischkäse und Basilikumstreifen untermengen, nochmals kurz aufkochen lassen, abschmecken und gleich servieren.

Cremige Wintersuppe

Für Maronenfans

Zutaten für 2 Portionen

Für die Suppe

1 Stück Knollensellerie
  (ca. 120 g)
1 Stück Pastinake (ca. 120 g)
1 große Karotte
1 mittelgroße Kartoffel
2 TL Rapsöl
1 kleines Lorbeerblatt
500 ml Gemüsebrühe
Salz, Pfeffer
Muskatnuss
Kurkuma
50 ml Milch, 1,5 % Fett

Für die Maronen

2 EL geschälte Maronen,
  vakuumverpackt (ca. 40 g)
1 TL brauner Zucker
50 ml Gemüsebrühe
1 Zweig Thymian

Zubereitungszeit
ca. 20 Minuten
Garzeit
ca. 40 Minuten

Eine Portion enthält
205 kcal/858 kJ
9 g Eiweiß
7 g Fett
25 g Kohlenhydrate
10 g Ballaststoffe

Zubereitung

1| Sellerie, Pastinake, Karotte und Kartoffel waschen, putzen, schälen und grob würfeln.

2| Das Öl erhitzen und die Gemüsewürfel darin sanft andünsten. Lorbeer zugeben und mit der Gemüsebrühe ablöschen. Die Suppe aufkochen und zugedeckt 20 bis 25 Minuten köcheln lassen.

3| Lorbeerblatt entfernen, Suppe mit den Gewürzen mild abschmecken, Milch zugeben und mit einem Pürierstab fein mixen.

4| Die Maronen sechsteln. Zucker in einer Pfanne hellbraun karamellisieren. Gemüsebrühe vorsichtig angießen (Achtung: spritzt!) und bei milder Hitze kochen, bis sich der Karamell gelöst hat. Die Maronen und die abgezupften Thymianblättchen unterrühren und kochen, bis die Flüssigkeit fast verdampft ist.

5| Die Suppe mit den Maronen servieren.

Kartoffelcremesuppe mit Schinkenstreifen

Einfach und trotzdem fein

Zutaten für 2 Portionen

4 mittelgroße Kartoffeln
1 TL Rapsöl
400 ml Gemüsebrühe
100 ml Milch, 1,5 % Fett
1 Scheibe gekochter Schinken
1 TL Rapsöl
2 Stängel Petersilie
Salz, Pfeffer
Muskatnuss

Zubereitungszeit
10 Minuten
Garzeit
ca. 25 Minuten

Eine Portion enthält
244 kcal/1019 kJ
12 g Eiweiß
8 g Fett
29 g Kohlenhydrate
4 g Ballaststoffe

Zubereitung

1| Kartoffeln waschen, schälen und in grobe Würfel schneiden. Öl in einem kleinen Topf erhitzen und die Kartoffelwürfel darin andünsten. Gemüsebrühe und Milch zugeben, die Suppe aufkochen und bei mittlerer Hitze ca. 20 Minuten köcheln lassen.

2| Schinken in schmale Streifen schneiden, Öl in einer kleinen beschichteten Pfanne kurz erhitzen und die Schinkenstreifen darin kurz andünsten, Petersilie waschen, trocknen, die Blättchen von den Stängeln zupfen und fein hacken. Petersilie zu den Schinkenstreifen in die Pfanne geben und vermengen.

3| Die Suppe mit den Gewürzen mild abschmecken und mit einem Mixstab fein pürieren. Schinkenstreifen über die Suppe streuen und gleich servieren.

Karottencremesuppe

Mild-asiatisch

Zutaten für 2 Portionen

1 Stück Ingwer (ca. 20 g)
2 mittelgroße Karotten
1 Stück Knollensellerie
   (ca. 150 g)
1 TL Sojaöl
1 TL Sesamöl
500 ml Gemüsebrühe
50 ml Kokosmilch
Salz, Pfeffer
Zitronengras
Korianderpulver
Zimt

Zubereitungszeit
ca. 15 Minuten
Garzeit
ca. 20 Minuten

Eine Portion enthält
135 kcal/564 kJ
6 g Eiweiß
7 g Fett
11 g Kohlenhydrate
7 g Ballaststoffe

Zubereitung

1| Ingwer schälen und in feine Würfel schneiden. Karotten und Sellerie waschen, schälen und in grobe Stücke schneiden.

2| In einem mittleren Topf die beiden Öle erhitzen, Ingwerwürfel darin sanft andünsten, Karotten- und Selleriewürfel zugeben und einige Minuten mitdünsten. Mit Gemüsebrühe und Kokosmilch ablöschen, aufkochen lassen und ca. 10 bis 15 Minuten bei mittlerer Hitze köcheln lassen.

3| Die Suppe mit den Gewürzen mild abschmecken, mit einem Pürierstab fein mixen und nochmals abschmecken.

Sellerie-Endivien-Cremesuppe

„Salat in der Suppe"

Zutaten für 2 Portionen

1 Stück Knollensellerie
  (ca. 500 g)
1 mittelgroße Kartoffel
100 g Endiviensalat
1 TL Rapsöl
500 ml Gemüsebrühe
1 Lorbeerblatt
Salz, Pfeffer
30 g Schmelzkäse,
  30 % Fett i. Tr.
2 Stängel Kerbel
einige Spritzer
  Worcestersauce

Zubereitungszeit
ca. 25 Minuten
Garzeit
ca. 25 Minuten

Eine Portion enthält
173 kcal/722 kJ
14 g Eiweiß
7 g Fett
14 g Kohlenhydrate
12 g Ballaststoffe

Zubereitung

1| Sellerie und Kartoffel schälen, waschen und in grobe Würfel schneiden. Endiviensalat waschen, Blätter gut abtropfen lassen und in schmale Streifen schneiden.

2| Öl kurz erhitzen und die Gemüsewürfel darin sanft andünsten, mit der Gemüsebrühe ablöschen und die Suppe aufkochen lassen. Das Lorbeerblatt zufügen und salzen. Die Suppe bei mittlerer Hitze ca. 20 Minuten köcheln lassen.

3| Schmelzkäse in der Suppe unter Rühren schmelzen lassen.

4| Kerbel waschen, Blättchen abzupfen und fein hacken.

5| Das Lorbeerblatt aus der Suppe entfernen, den Endiviensalat zugeben und die Suppe mit einem Mixstab cremig pürieren. Die Suppe mit Worcestersauce abschmecken und mit Kerbel bestreut servieren.

Cremige Tomatensuppe

Mediterran gewürzt

Zutaten für 2 Portionen

6 frische Tomaten
4 getrocknete Tomaten
1 EL Olivenöl
60 g Reis
400 ml Geflügelbrühe
2 Stängel Basilikum
2 Zweige Thymian
2 Zweige Oregano
Salz, Pfeffer
1 Prise Zucker
1 Schuss Balsamicoessig

Zubereitungszeit
10 Minuten
Garzeit
ca. 25 Minuten

Eine Portion enthält
295 kcal/1231 kJ
7 g Eiweiß
15 g Fett
33 g Kohlenhydrate
2 g Ballaststoffe

Zubereitung

1| Tomaten waschen, trocknen, halbieren, Strunk entfernen und das Fruchtfleisch grob würfeln. Getrocknete Tomaten in schmale Streifen schneiden.

2| Das Öl kurz erhitzen und die frischen Tomaten darin kurz andünsten, getrocknete Tomaten und Reis zugeben und kurz mitdünsten. Mit der Brühe ablöschen, die Suppe aufkochen und mindestens solange köcheln lassen, bis der Reis gar ist (je nach Sorte, siehe Packungsangabe).

3| Inzwischen die Kräuter waschen, trocknen, Blättchen abzupfen und fein hacken. Die Suppe mit Kräutern, Salz, Zucker und Essig mild würzen und mit einem Mixstab fein pürieren.

Gulaschsuppe

Immer wieder gerne

Zutaten für 2 Portionen

100 g Rindfleisch (Schulter)
100 g Schweinefleisch
1 EL Rapsöl
1 EL Tomatenmark
800 ml Fleischbrühe
1 Lorbeerblatt
Salz, Pfeffer
1 kleine Karotte
1 Stück Knollensellerie
  (ca. 100 g)
2 mittelgroße Kartoffeln

Zubereitungszeit
ca. 20 Minuten
Garzeit
ca. 1 Stunde 45 Minuten

Eine Portion enthält
409 kcal/1711 kJ
33 g Eiweiß
22 g Fett
19 g Kohlenhydrate
6 g Ballaststoffe

Zubereitung

1| Das Fleisch waschen, trocken tupfen und in etwa 2 cm große Würfel schneiden.

2| Das Öl erhitzen, Fleischwürfel darin sanft andünsten. Dann das Tomatenmark zugeben, kurz mitrösten und mit 150 ml Fleischbrühe ablöschen. Aufkochen und zur Hälfte einkochen lassen, Lorbeerblatt zugeben und mit wenig Salz und Pfeffer würzen. Restliche Brühe zugießen und zugedeckt 45 Minuten kochen lassen.

3| Das Gemüse waschen, schälen, eine Kartoffel halbieren und eine Hälfte fein reiben, die restlichen Kartoffeln und die Karotte und den Sellerie in ca. 2 cm große Stücke schneiden.

4| Gemüse zur Suppe geben und weitere 45 Minuten köcheln lassen. Das Lorbeerblatt entfernen und die Suppe abschmecken.

Süßkartoffel-Mangold-Eintopf

Süßlich-pikant

Zutaten für 2 Portionen

400 g Süßkartoffeln
1 mittelgroße Karotte
200 g Mangold
500 ml Gemüsebrühe
2 Stängel Petersilie
1 Lorbeerblatt
1 Scheibe Roggenbrot
1 TL Butter
Salz, Pfeffer
Muskatnuss

Zubereitungszeit
ca. 20 Minuten
Garzeit
ca. 20–25 Minuten

Eine Portion enthält
357 kcal/1492 kJ
12 g Eiweiß
5 g Fett
64 g Kohlenhydrate
13 g Ballaststoffe

Zubereitung

1| Das Gemüse waschen und putzen. Süßkartoffeln und Karotten schälen. Mangoldblätter in grobe Stücke schneiden. Mangoldstiele abschneiden und in schmale Stücke schneiden. Süßkartoffeln und Karotten in 2 cm große Würfel schneiden.

2| Gemüsebrühe, Süßkartoffel- und Karottenwürfel, Mangoldstiele, Petersilienstängel und Lorbeerblatt in einen Topf geben, aufkochen lassen und 15 bis 20 Minuten bei mittlerer Hitze köcheln lassen.

3| Inzwischen die Brotscheibe in Würfel schneiden, Butter in einer beschichteten Pfanne zerlassen und die Brotwürfel darin kurz anbraten.

4| Lorbeerblatt und Petersilienstängel entfernen, Eintopf mit Salz, Pfeffer und Muskatnuss würzen, mit einem Pürierstab kurz mixen, sodass der Eintopf leicht gebunden ist. Mangoldblätter zugeben und zerfallen lassen. Nochmals abschmecken und zusammen mit den Brotwürfeln servieren.

Minestrone

Der italienische Klassiker

Zutaten für 2 Portionen

1 mittelgroße Zucchini
1 große Karotte
2 mittelgroße Kartoffeln
3 mittelgroße Tomaten
1 EL Olivenöl
1 EL Tomatenmark
1 Prise Zucker
500 ml Gemüsebrühe
50 g kleine Nudeln,
   z. B. Sternchennudeln
Salz, Pfeffer
2 Zweige Thymian
2 Stängel Basilikum
2 Zweige Oregano

Zubereitungszeit
ca. 15 Minuten
Garzeit
ca. 15 Minuten

Eine Portion enthält
277 kcal/1158 kJ
13 g Eiweiß
11 g Fett
31 g Kohlenhydrate
8 g Ballaststoffe

Zubereitung

1| Das Gemüse waschen, Zucchini und Karotten putzen, Kartoffeln schälen. Zucchini, Karotten und Kartoffeln in 0,5 cm große Würfel schneiden. Die Tomaten halbieren, den Strunk entfernen und Tomatenhälften grob würfeln.

2| Das Öl erhitzen und die Gemüsewürfel bei milder Hitze kurz darin andünsten, Tomatenmark und Zucker zugeben und kurz mitrösten. Mit der Gemüsebrühe ablöschen, Nudeln zugeben, die Suppe aufkochen und ca. 10 bis 12 Minuten bei mittlerer Hitze köcheln lassen.

3| Suppe mit Salz und Pfeffer leicht würzen. Die Kräuter waschen, Blättchen abzupfen und fein schneiden. Die Kräuter zur Suppe geben und nochmals abschmecken.

Exotischer Eintopf mit Rindfleisch

Mit reichlich Gewürzen

Zutaten für 2 Portionen

1 Stück Rindfleisch, Schulter (ca. 150 g)
1 EL Rapsöl
1 Lorbeerblatt
4 Nelken
300 ml Fleischbrühe
2 mittelgroße Kartoffeln
1 mittelgroße Karotte
1 Stück Knollensellerie (ca. 150 g)
1 EL Tomatenmark
Koriander
Kreuzkümmel
Kardamom
Zimt
Pfeffer, Salz
1 EL Rosinen
1 Handvoll Selleriegrün oder Petersilienblätter

Zubereitungszeit
25 Minuten
Garzeit
2 Stunden

Eine Portion enthält
340 kcal/1421 kJ
27 g Eiweiß
15 g Fett
23 g Kohlenhydrate
8 g Ballaststoffe

Zubereitung

1| Fleisch waschen, trocken tupfen und in grobe Würfel schneiden.

2| Backofen auf 160 °C (Ober- und Unterhitze) vorheizen. Fleischwürfel, Öl und Fleischbrühe in eine feuerfeste Form geben und mit Salz würzen. Lorbeerblatt und Nelken zugeben und zugedeckt 1 Stunde im Ofen schmoren lassen.

3| Kartoffeln, Karotte und Sellerie waschen, trocknen, schälen und in etwa 2 x 2 cm große Würfel schneiden. Zusammen mit Tomatenmark, Gewürzen und Rosinen unter das Fleisch mischen und eine weitere Stunde im Ofen garen. Wenn nötig, noch etwas Wasser zugießen.

4| Selleriegrün waschen, trocknen und in schmale Streifen schneiden. Über den Eintopf streuen und alles nochmal abschmecken.

Gemüse-Kasseler-Eintopf

Perfekt für kalte Wintertage

Zutaten für 2 Portionen

2 mittelgroße Kartoffeln
1 Stück Sellerie (ca. 250 g)
1 Stück Hokkaidokürbis
  (ca. 250 g)
1 Stück Kasseler (ca. 100 g)
1 EL Rapsöl
500 ml Fleischbrühe
1 Lorbeerblatt
Salz, Pfeffer
2 Zweige Majoran

Zubereitungszeit
15 Minuten
Garzeit
25 Minuten

Eine Portion enthält
318 kcal/1330 kJ
18 g Eiweiß
17 g Fett
21 g Kohlenhydrate
9 g Ballaststoffe

Zubereitung

1| Kartoffeln, Sellerie und Kürbis waschen und trocknen. Kartoffeln und Sellerie schälen, den Kürbis entkernen und alle Gemüsesorten in etwa 2 x 2 cm große Würfel schneiden. Das Kasseler ebenfalls in Würfel schneiden.

2| Öl erhitzen und die Gemüsewürfel darin sanft andünsten, mit Fleischbrühe ablöschen und Eintopf aufkochen lassen. Lorbeerblatt und Kasselerwürfel zufügen, salzen, pfeffern. Die Majoranstiele waschen und zugeben. Den Eintopf bei mittlerer Hitze ca. 20 Minuten köcheln lassen.

3| Lorbeerblatt und Majoran entfernen und Eintopf vor dem Servieren abschmecken.

Hühnerbouillon

Wirkt entzündungshemmend

Zutaten für 2 Portionen

1 Stück Sellerie (ca. 250 g)
1 kleine Karotte
4 Stängel Petersilie
1 Hähnchenkeule
1 kleines Lorbeerblatt
Salz, Pfeffer

Zubereitungszeit
25 Minuten
Garzeit
1,5 Stunden

Eine Portion enthält
93 kcal/389 kJ
19 g Eiweiß
1 g Fett
3 g Kohlenhydrate
3 g Ballaststoffe

Zubereitung

1| Sellerie und Karotte gründlich waschen, schälen (Schale aufbewahren) und Gemüse in feine Streifen schneiden.

2| Die Hähnchenkeule waschen, zusammen mit Gemüseschalen und Lorbeerblatt in einen Topf geben und 1 Liter kaltes Wasser zugießen. Aufkochen und ca. 1,5 Stunden bei mittlerer Hitze köcheln lassen. Entstehenden Schaum abschöpfen. Hähnchenkeule herausnehmen und leicht abkühlen lassen.

3| Gemüsestreifen in der heißen Brühe 5 Minuten köcheln lassen und mit Salz und Pfeffer abschmecken.

4| Hähnchenhaut abziehen, Hähnchenfleisch vom Knochen entfernen und das Fleisch in kleine Stücke schneiden. Petersilie waschen, trocknen und die Blätter von den Stängeln zupfen. Hähnchenfleisch und Petersilie zur Brühe geben und ggf. nochmals abschmecken.

Tipp
Die Bouillon lässt sich prima einfrieren. Bereiten Sie am besten eine größere Menge zu und legen Sie sich einen Vorrat im Gefrierfach an. Geflügelfleisch ist reich an hochwertigem Eiweiß und leicht verdaulich.

Gemüsebrühe „hausgemacht"

Gut vorzubereiten

Zutaten für 2 Portionen

4 Karotten
1 Stück Sellerie (ca. 250 g)
1 Petersilienwurzel
1 Pastinake
1 Bund Petersilie
2 Zweige Thymian
2 Stängel Basilikum
1 kleines Lorbeerblatt
1 TL Senfkörner
2 Nelken
Salz, Pfeffer

Zubereitungszeit
30 Minuten
Garzeit
30 Minuten
Ziehzeit
1 Stunde

Eine Portion (¼ Liter) enthält:
82 kcal/343 kJ
5 g Eiweiß
1 g Fett
13 g Kohlenhydrate
0 g Ballaststoffe

Zubereitung

1| Das Gemüse gründlich waschen, putzen und in grobe Stücke schneiden. Kräuter waschen, trocknen und mit den Stielen grob zerkleinern.

2| Einen großen Topf mit 1,5 Liter kaltem Wasser füllen, vorbereitete Zutaten und Gewürze hinein geben. Aufkochen lassen, den entstehenden Schaum abschöpfen und ca. 30 Minuten bei mittlerer Hitze ohne Deckel kochen lassen. Danach von der Flamme nehmen und noch 1 Stunde ziehen lassen.

3| Ein Küchensieb mit einem sauberen Küchentuch auslegen und die Brühe behutsam durch das Sieb gießen. Erst jetzt mit Salz und Pfeffer abschmecken.

Haupt-gerichte

Scholle mit Kräuterhaube

Leichter Fisch mit leckerem Topping

Zutaten für 2 Portionen

5 Stängel Basilikum
5 Stängel Petersilie
1 EL weiche Butter
1 EL Semmelbrösel
etwas Salz, Pfeffer
10 Cocktailtomaten
6 Schollenfilets (ohne Haut
  à ca. 80 g)
2 TL Zitronensaft

Zubereitungszeit
ca. 15 Minuten
Garzeit
ca. 15 Minuten

Eine Portion enthält
334 kcal/1398 kJ
43 g Eiweiß
13 g Fett
10 g Kohlenhydrate
1 g Ballaststoffe

Tipp
Sollten Sie Zitrusfrüchte nicht
vertragen, können Sie sie einfach weglassen.

Zubereitung

1| Den Backofen auf 225 °C (Ober- und Unter-
hitze) vorheizen. Die Kräuter waschen,
trocknen, die Blättchen abzupfen und fein
hacken. Mit einer Gabel die Kräuter mit der
Butter und den Semmelbröseln vermengen
und mild mit Salz und Pfeffer abschmecken.

2| Die Tomaten waschen, trocknen und die
Stiele abzupfen.

3| Die Schollenfilets waschen, trocknen, mit
Zitronensaft beträufeln und mit Salz würzen.
Die Kräuterpaste daraufstreichen und die
Filets mit den Tomaten in eine feuerfeste
Form setzen. Im heißen Backofen ca.
15 Minuten backen.

Rotbarsch mit cremigem Blattspinat

Schnell und unkompliziert

Zutaten für 2 Portionen

2 Rotbarschfilets (à ca. 130 g)
Salz
400 g Blattspinat
1 TL Rapsöl
50 ml Gemüsebrühe
Salz, Pfeffer
Muskatnuss
Zimt
30 g Schmelzkäse,
    30 % Fett i. Tr.

Zubereitungszeit
ca. 10 Minuten
Garzeit
5–8 Minuten

Eine Portion enthält
259 kcal/1081 kJ
37 g Eiweiß
11 g Fett
1 g Kohlenhydrate
5 g Ballaststoffe

Zubereitung

1| Die Fischfilets waschen, trocknen und salzen.
2| Spinat waschen, putzen, eventuell verlesen und in einem Küchensieb etwas abtropfen lassen.
3| Das Öl in einem großen Topf erhitzen, die nassen Spinatblätter zugeben und zerfallen lassen. Mit der Gemüsebrühe ablöschen, mild würzen. Den Schmelzkäse zugeben und im heißen Spinat schmelzen lassen. Fischstücke auf den Spinat legen und zugedeckt ca. 5 Minuten garziehen lassen.

Fischragout „Frankfurter Art"

Geballte Kräuterkraft

Zutaten für 2 Portionen

1 kleines Bund Kräuter
   Frankfurter Grüne Sauce
2 Fischfilets, z. B. Victoria
   Seebarsch (à ca. 150 g)
Salz
1 Zucchini (ca. 250 g)
1 EL Butter
1 EL Weizenmehl, Typ 550
1 Glas Fischfond (200 ml)
100 ml Milch, 1,5 % Fett
einige Spritzer Sojasauce
Pfeffer

Zubereitungszeit
ca. 15 Minuten
Garzeit
ca. 15 Minuten

Eine Portion enthält
258 kcal/1398 kJ
29 g Eiweiß
11 g Fett
11 g Kohlenhydrate
2 g Ballaststoffe

Zubereitung

1| Die Kräuter waschen, trocknen, die Blättchen abzupfen und hacken. Fischfilets waschen, trocknen, in ca. 3 cm große Würfel schneiden und salzen.

2| Zucchini waschen, putzen und in ca. 1 cm große Würfel schneiden.

3| Butter in einem mittleren Topf schmelzen, Mehl dazugeben und mit einem Schneebesen sofort verrühren. Etwas Fischfond angießen und unter ständigem Rühren eine helle Sauce herstellen, restlichen Fischfond nach und nach zugießen. Zucchini- und Fischwürfel zugeben und ca. 5 Minuten leise köcheln lassen. Fisch- und Zucchiniwürfel mit einer Schaumkelle herausheben und kurz zur Seite stellen.

4| Das Ragout mit vorbereiteten Kräutern, Sojasauce, Pfeffer und ggf. Salz abschmecken, die Fisch- und Gemüsewürfel wieder zugeben und gleich servieren.

Tipp
Wenn Sie die Kräuter für Grüne Sauce nicht als Bund bekommen, können Sie sie auch einzeln zusammenstellen. Dazu nehmen Sie Petersilie, Kerbel, Pimpinelle, Kresse, Schnittlauch, Sauerampfer und Borretsch.

Kräuterforelle aus dem Ofen

Für Fischfans ein Highlight

Zutaten für 2 Portionen

2 küchenfertige Forellen
  (à ca. 250 g)
Salz
1 Biozitrone
4 Stängel Petersilie
4 Stängel Dill
1 TL Butter

Zubereitungszeit
ca. 10 Minuten
Garzeit
ca. 20 Minuten

Eine Portion enthält
246 kcal/1398 kJ
43 g Eiweiß
8 g Fett
0 g Kohlenhydrate
0 g Ballaststoffe

Zubereitung

1| Den Backofen auf 220 °C (Ober- und Unterhitze) vorheizen. Die Forellen innen und außen waschen, mit einem Küchentuch abtrocknen und salzen. Die Haut auf einer Seite mehrmals einschneiden. Ein Backblech mit Backpapier belegen.

2| Zitrone heiß waschen, halbieren, eine Hälfte auspressen und die Forellen damit außen und innen beträufeln. Die andere Zitronenhälfte nochmals halbieren und beide Zitronenviertel in schmale Scheiben schneiden. Kräuter waschen, trocknen, Blättchen abzupfen. Zitronenscheiben und Kräuter in den Bauchhöhlen der Forellen verteilen.

3| Die Hälfte der Butter auf je einer Forelle verteilen, die Forellen auf das Backblech setzen und im heißen Ofen ca. 20 Minuten garen.

Tipp
Eine Alternative zu frischen Forellen sind tiefgekühlte, die Sie am schonendsten über Nacht abgedeckt im Kühlschrank auftauen.
Sollten Sie Zitrusfrüchte nicht vertragen, können Sie sie einfach weglassen.

Forelle blau

Ein Klassiker

Zutaten für 2 Portionen

1 kleine Karotte
1 Stück Sellerie (ca. 100 g)
1 Stück Petersilienwurzel
   (ca. 100 g)
2 Stängel Petersilie
2 Stängel Dill
1 Lorbeerblatt
2 Nelken
dünn abgeschälte Schale
   einer Biozitrone
250 ml Weißweinessig
Salz
2 küchenfertige Forellen
   (à ca. 250 g)

Zubereitungszeit
ca. 10 Minuten
Garzeit
ca. 20 Minuten

Eine Portion enthält
253 kcal/1056 kJ
45 g Eiweiß
6 g Fett
8 g Kohlenhydrate
6 g Ballaststoffe

Zubereitung

1| Das Gemüse waschen, putzen, schälen und in ca. 2 cm große Würfel schneiden. Kräuter waschen. 1,5 Liter Wasser in einen großen Topf geben. Gemüse, Kräuter, Lorbeerblatt, Nelken und Zitronenschale dazugeben und zum Kochen bringen. 25 Minuten bei milder Hitze kochen lassen, Essig und Salz zugeben.

2| Forellen von innen und außen waschen und in dem heißen Sud knapp unter dem Siedepunkt in ca. 8 bis 10 Minuten gar ziehen lassen.

3| Die Forellen aus dem Sud heben und zusammen mit den Gemüsewürfeln auf vorgewärmten Tellern servieren. Dazu passen Salzkartoffeln und eine Kräutersauce (Rezept siehe Seite 62).

Tipp
Um zu testen, ob die Forellen gar sind, ziehen Sie vorsichtig an der Rückenflosse. Löst sich diese leicht, sind die Forellen fertig.
Sollten Sie Zitrusfrüchte nicht vertragen, können Sie sie einfach weglassen.

Überbackener Kabeljau mit roten Bröseln

Ein köstlicher Hingucker

Zutaten für 2 Portionen

2 Stängel Basilikum
2 Zweige Zitronenthymian
½ EL weiche Butter
1 EL Semmelbrösel
1 EL geriebener Parmesan
1 TL Tomatenmark
etwas Salz, Pfeffer
2 Kabeljaufilets (à ca. 150 g)
100 ml Gemüsebrühe oder
   Fischfond

Zubereitungszeit
ca. 15 Minuten
Garzeit
ca. 15 Minuten

Eine Portion enthält
213 kcal/888 kJ
34 g Eiweiß
4 g Fett
9 g Kohlenhydrate
1 g Ballaststoffe

Zubereitung

1| Den Backofen auf 225 °C (Ober- und Unter-hitze) vorheizen. Die Kräuter waschen, trocknen, die Blättchen abzupfen und hacken. Mit einer Gabel die Kräuter mit Butter, Semmelbröseln, Parmesan und Tomatenmark vermengen und mild mit Salz und Pfeffer abschmecken.

2| Die Fischfilets waschen, trocknen und mit Salz würzen. Die Bröselpaste daraufstreichen und die Filets mit der Gemüsebrühe bzw. dem Fischfond in eine feuerfeste Form setzen. Im heißen Backofen ca. 15 Minuten backen.

Ofenzander mit Fenchel

Harmonie von Land und Meer

Zutaten für 2 Portionen

2 Zanderfilets (à ca. 150 g)
2 TL Zitronensaft
Salz
2 Stängel Dill
2 Zweige Zitronenthymian
1 große Fenchelknolle mit
   Grün (ca. 400 g)
1 EL Zitronenabrieb einer
   Biozitrone
1 EL schwarze Oliven
2 TL Olivenöl
Pfeffer
100 ml Fischfond (Glas)

Zubereitungszeit
ca. 15 Minuten
Garzeit
15–20 Minuten

Eine Portion enthält
287 kcal/1198 kJ
39 g Eiweiß
11 g Fett
7 g Kohlenhydrate
8 g Ballaststoffe

Zubereitung

1| Den Backofen auf 200 °C (Ober- und Unter-hitze) vorheizen. Die Fischfilets waschen, mit Zitronensaft säuern und salzen. Dill waschen, trocknen, die Blättchen abzupfen, hacken und über den Fischfilets verteilen.

2| Zitronenthymian waschen, Blättchen abzup-fen. Die Fenchelknolle waschen, halbieren, das Fenchelgrün beiseitelegen, Strunk herausschneiden und den Fenchel in schmale Streifen schneiden. Fenchelgrün fein hacken. Vorbereitete Kräuter mit Fen-chelstreifen, Zitronenabrieb, abgetropften Oliven und Olivenöl vermischen, mild salzen und pfeffern und mit dem Fischfond in eine feuerfeste Form geben.

3| Die Zanderfilets auf den Fenchel setzen und im heißen Backofen ca. 15 bis 20 Minuten garen.

Tipp

Sollten Sie Zitrusfrüchte nicht vertragen, kön-nen Sie sie einfach weglassen.

Ofenfisch mit Roter Beete

Ohne Mühe sehr lecker

Zutaten für 2 Portionen

2–3 Rote Beete (ca. 400 g)
2 festfleischige Fischfilets,
   z. B. Victoria Seebarsch
   (à ca. 150 g)
Salz
1 EL Olivenöl
1 TL Ahornsirup
½ TL Kurkuma
2 Stängel Dill

Zubereitungszeit
ca. 15 Minuten
Garzeit
15–20 Minuten

Eine Portion enthält
270 kcal/1127 kJ
25 g Eiweiß
11 g Fett
18 g Kohlenhydrate
5 g Ballaststoffe

Zubereitung

1| Den Backofen auf 200 °C (Ober- und Unterhitze) vorheizen. Einmalhandschuhe anziehen und die Rote Beete waschen, putzen, schälen und in ca. 1 cm dicke Scheiben schneiden.

2| Öl, Ahornsirup, Kurkuma und ¼ Teelöffel Salz verrühren und mit den Rote-Beete-Scheiben vermengen.

3| Ein Backblech mit Backpapier belegen und die Rote-Beete-Scheiben darauf verteilen und im heißen Backofen ca. 25 Minuten backen.

4| Inzwischen die Fische waschen, trocknen und salzen.

5| Fisch zu der Roten Beete auf das Blech setzen und weitere 10 Minuten im heißen Ofen backen.

6| Dill waschen, trocknen, die Blättchen abzupfen und grob hacken. Vor dem Servieren mit dem gehackten Dill bestreuen.

Gemüse-Reis-Pfanne mit Seelachs

Bunter Gemüsereis mit saftigem Fisch

Zutaten für 2 Portionen

150 ml Gemüsebrühe
1 kleines Lorbeerblatt
50 g Vollkornreis
50 g heller Reis
2 kleine Seelachsfilets
   (à ca. 130 g)
Salz
1 Kohlrabi
2 mittelgroße Karotten
1 kleine Zucchini
1 TL Rapsöl
150 ml Fischfond
4 Stängel frischer Dill
Pfeffer

Zubereitungszeit
20 Minuten
Garzeit
ca. 1 Stunde

Eine Portion enthält
419 kcal/1750 kJ
36 g Eiweiß
7 g Fett
50 g Kohlenhydrate
7 g Ballaststoffe

Zubereitung

1| Gemüsebrühe zum Kochen bringen. Lorbeerblatt und Vollkornreis hineingeben und 30 Minuten bei mittlerer Hitze köcheln lassen. Am Ende der Garzeit den hellen Reis zugeben und weitere 20 Minuten garen lassen.

2| Fisch waschen, trocknen und leicht salzen.

3| Kohlrabi und Karotten schälen, Zucchini waschen, trocknen und putzen. Alles in etwa gleich große Stücke schneiden.

4| Öl in einem Topf erhitzen, Kohlrabi und Karotten darin andünsten, Fischfond zugeben und ca. 5 Minuten bei mittlerer Hitze köcheln lassen. Zucchini zugeben, salzen. Fisch auf das Gemüse legen, den Topf schließen und das Ganze 5 bis 8 Minuten garen.

5| Dill waschen, trocknen, Dillspitzen von den Stängeln zupfen und fein hacken.

6| Fisch herausnehmen und kurz warmstellen. Das Gemüse unter den gegarten Reis mischen, das Lorbeerblatt entfernen und das Gericht mild mit Salz und Pfeffer abschmecken. Mit Dill bestreuen und mit dem Fisch servieren.

Tipp
Für das Gericht ist auch tiefgekühlter Fisch geeignet. Achten Sie beim Kauf auf das MSC-Zeichen, das für garantiert nachhaltige Fischerei steht.

Pasta à la puttanesca

Urlaubsfeeling auf dem Teller

Zutaten für 2 Portionen

160 g Pasta, z. B. Spaghetti
Salz
2 Zweige Oregano
2 Zweige Zitronenthymian
1 Zweig Rosmarin
200 g gemischte Cocktail-
    tomaten (rote und gelbe)
1 EL Olivenöl
1 EL Tomatenmark
8 Sardellenfilets (à ca. 5 g)
2 EL schwarze Oliven
1 Prise Zucker
Pfeffer
30 g Parmesan

Zubereitungszeit
ca. 10 Minuten
Garzeit
ca. 15–20 Minuten

Eine Portion enthält
501 kcal/2094 kJ
21 g Eiweiß
19 g Fett
62 g Kohlenhydrate
6 g Ballaststoffe

Zubereitung

1| Die Nudeln nach Packungsanweisung in kochendem Salzwasser al dente garen. 150 ml Nudelwasser am Ende der Garzeit auffangen und zur Seite stellen.

2| Die Kräuter waschen, trocknen, die Blättchen bzw. Rosmarinnadeln abzupfen und fein hacken. Tomaten waschen, halbieren.

3| Öl sanft erhitzen, Tomatenmark zugeben und kurz garen, Sardellen hinzufügen und 3 bis 4 Minuten rühren, bis die Sardellen zerfallen. Oliven und Tomatenhälften zugeben, mit Nudelwasser aufgießen und sämig einkochen lassen.

4| Mit den vorbereiteten Kräutern, Salz, Zucker und Pfeffer mild abschmecken und mit frisch geriebenem Parmesan bestreut servieren.

Linguine mit Muscheln

Urlaubsgrüße aus dem Meer

Zutaten für 2 Portionen

160 g Linguine
Salz
500 g Miesmuscheln
1 große Karotte
1 Stück Sellerie (ca. 100 g)
1 EL Olivenöl
1 TL Fenchelsaat
1 EL Tomatenmark
1 EL Kapern
1 Prise Zucker
Pfeffer
1 Schuss Zitronensaft
1 EL Worcestersauce

Zubereitungszeit
ca. 10 Minuten
Garzeit
ca. 20 Minuten

Eine Portion enthält
439 kcal/1835 kJ
27 g Eiweiß
11 g Fett
55 g Kohlenhydrate
7 g Ballaststoffe

Zubereitung

1| Die Nudeln nach Packungsanweisung in kochendem Salzwasser al dente garen. 150 ml Nudelwasser am Ende der Garzeit auffangen und zur Seite stellen.
2| Die Muscheln gründlich waschen, geöffnete Muscheln wegwerfen.
3| Karotte und Sellerie waschen, putzen, schälen und in kleine Würfel schneiden. Öl sanft erhitzen, Fenchelsaat, Muscheln, Gemüsewürfel und Tomatenmark zugeben und unter Rühren 1 bis 2 Minuten offen andünsten, Deckel auflegen und ca. 8 bis 10 Minuten garen, bis die Muscheln sich geöffnet haben.
4| Geschlossene Muscheln aussortieren, Kapern und Nudelwasser zugeben und aufkochen lassen. Mit Salz, Zucker, Pfeffer, Zitronensaft und Worcestersauce mild abschmecken

Tipp
Sollten Sie Zitrusfrüchte nicht vertragen, können Sie sie einfach weglassen.

Frühlings-Lachs-Pasta

Mit viel Gemüse

Zutaten für 2 Portionen

2 Lachsfilets (à ca. 120 g)
1 TL Zitronensaft
Salz
1 Karotte
1 kleine Zucchini
120 g Pasta, z. B. Penne
2 TL Rapsöl
2 TL Mehl, Typ 550
1 kleines Glas Fischfond
   (200 ml)
100 ml Milch, 1,5 % Fett
1 Stück Parmesan (ca. 40 g)
2 Stängel Dill

Zubereitungszeit
15 Minuten
Garzeit
ca. 20 Minuten

Eine Portion enthält
664 kcal/2774 kJ
42 g Eiweiß
31 g Fett
52 g Kohlenhydrate
6 g Ballaststoffe

Zubereitung

1| Die Fischfilets waschen, mit dem Zitronensaft beträufeln und salzen.

2| Karotte und Zucchini waschen, trocknen, putzen und in schmale Streifen schneiden.

3| Reichlich Salzwasser zum Kochen bringen und die Nudeln nach Packungsanweisung al dente garen. 4 Minuten vor Ende der Garzeit das Gemüse zu den Nudeln geben und mitkochen lassen.

4| Öl erhitzen, Mehl zugeben und mit einem Schneebesen zügig verrühren. Unter ständigem Rühren – damit keine Klümpchen entstehen – etwas Fischfond zugießen. Restlichen Fond und Milch nach und nach unter Rühren zugeben. Die Sauce aufkochen und mindestens 1 Minute sprudelnd kochen lassen, mild salzen. Die Temperatur reduzieren und die Fischfilets in die heiße, aber nicht mehr kochende Sauce legen und bei mittlerer Temperatur 5 bis 8 Minuten garen.

4| Parmesan fein reiben, Dill waschen, Blättchen von den Stängeln zupfen und fein hacken.

5| Die Lachsfilets aus der Sauce nehmen und warm stellen. Abgetropfte Gemüsenudeln und Dill unter die Sauce mengen, nochmals abschmecken und zusammen mit dem Lachs und dem Parmesan servieren.

Tipp
Sollten Sie Zitrusfrüchte nicht vertragen, können Sie sie einfach weglassen.

Gefüllter Ofenhokkaido

Highlight im Herbst

Zutaten für 2 Portionen

1 kleiner Hokkaidokürbis
  (ca. 700 g)
1 Karotte
1 EL Olivenöl
150 g gemischtes
  Hackfleisch
1 EL Tomatenmark
Salz, Pfeffer
1 Prise Zucker
2 Stängel Petersilie
1 EL Paniermehl
40 g Emmentaler,
  30 % Fett i. Tr.

Zubereitungszeit
ca. 25 Minuten
Garzeit
ca. 1 Stunde 15 Minuten

Eine Portion enthält
461 kcal/1929 kJ
32 g Eiweiß
24 g Fett
27 g Kohlenhydrate
10 g Ballaststoffe

Zubereitung

1| Den Kürbis waschen, halbieren, Kerne mit einem Löffel entfernen und jeweils die runde Seite der Kürbishälften abschneiden, sodass die Kürbishälften stehen können. Die abgeschnittenen Kürbisstücke in kleine Würfel schneiden.

2| Karotte schälen und in kleine Würfel schneiden. Den Backofen auf 200 °C (Ober- und Unterhitze) vorheizen.

3| Olivenöl in einem mittleren Topf sanft erhitzen, Hackfleisch, Karotten- und Kürbiswürfel sowie Tomatenmark zugeben und kurz mitdünsten. Mild mit Salz, Pfeffer und Zucker würzen und ca. 5 Minuten garen lassen. Vom Herd nehmen und zur Seite stellen.

4| Petersilie waschen, trocknen, Blättchen abzupfen und fein hacken. Mit dem Paniermehl unter die Hackmasse mischen.

5| Kürbishälften mit der Hackmasse füllen und in eine feuerfeste Auflaufform setzen, etwas Wasser angießen und im heißen Backofen ca. 30 Minuten garen, mit Alufolie abdecken und weitere 30 Minuten backen.

6| Käse reiben, Folie entfernen, Käse über die Kürbishälften geben und weitere 10 Minuten goldgelb überbacken.

Hackpfanne Kreta

Erinnerung an den letzten Griechenlandurlaub

Zutaten für 2 Portionen

1 Zucchini (ca. 250 g)
1 Aubergine (ca. 250 g)
2 TL Olivenöl
200 g gemischtes
    Hackfleisch
1 EL Tomatenmark
250 ml Tomatensaft
Salz, Pfeffer
getrocknete Kräuter,
    z. B. Oregano, Thymian,
    Rosmarin, Basilikum
50 g Käse, 30 % Fett i. Tr.
100 g gekochter Reis

Zubereitungszeit
ca. 15 Minuten
Garzeit
ca. 10 Minuten

Eine Portion enthält
488 kcal/2039 kJ
39 g Eiweiß
28 g Fett
30 g Kohlenhydrate
5 g Ballaststoffe

Zubereitung

1| Das Gemüse waschen, putzen und in kleine Würfel schneiden.
2| Die Hälfte des Öls in einer beschichteten Pfanne erhitzen und die Gemüsewürfel darin einige Minuten andünsten. Gemüse herausnehmen und zur Seite stellen.
3| Das restliche Öl in die Pfanne geben und das Hackfleisch darin krümelig dünsten, Tomatenmark zugeben und kurz mitrösten. Mit dem Tomatensaft aufgießen, das Gemüse zugeben, salzen, Pfeffern und mit den Kräutern mild abschmecken.
4| Den Käse in kleine Würfel schneiden und zusammen mit dem gekochten Reis unter die Hack-Gemüse-Pfanne mengen, ggf. nochmals abschmecken.

Spirelli mit Hack-Gemüse-Sauce

Schmeckt der ganzen Familie

Zutaten für 2 Portionen

120 g Spirelli
Salz
1 Zucchini (ca. 120 g)
1 Karotte
1 EL Olivenöl
150 g Rinderhack
1 EL Tomatenmark
300 ml Tomatensaft
1 Prise Zucker
Pfeffer
getrocknete Kräuter,
   z. B. Oregano, Thymian,
   Rosmarin, Basilikum
½ Kugel Mozzarella,
   fettreduziert

Zubereitungszeit
ca. 15 Minuten
Garzeit
ca. 25 Minuten

Eine Portion enthält
586 kcal/2449 kJ
37 g Eiweiß
25 g Fett
51 g Kohlenhydrate
6 g Ballaststoffe

Zubereitung

1| Die Nudeln in Salzwasser nach Packungs-anweisung al dente garen.
2| Die Zucchini waschen, putzen und in Würfel schneiden. Karotte schälen und in kleine Würfel schneiden.
3| Olivenöl in einem mittelgroßen Topf erhitzen, Hackfleisch darin krümelig braten, Tomatenmark und Gemüse zugeben und kurz mitbraten. Mit Tomatensaft ablöschen, mit Salz, Zucker, Pfeffer und Kräutern mild würzen und 2 bis 3 Minuten köcheln lassen.
4| Mozzarella in kleine Würfel schneiden.
5| Nudeln abgießen und in eine Schüssel geben, Hack-Gemüse-Sauce darüber gießen und mit den Nudeln vermengen. Mozzarella darüber verteilen und gleich servieren.

Tipp
Variieren Sie bei den Gemüsesorten nach Verträglichkeit. Lecker schmecken auch Kohlrabi, Fenchel, Kürbis oder frischer Spinat.

Fleisch-Gemüse-Küchlein

Bunte Frikadellen mit Gemüsestreifen

Zutaten für 2 Portionen

1 Karotte
1 Stück Zucchini (ca. 60 g)
150 g Rinderhack
1 Ei
2 geh. EL Magerquark
1 EL Paniermehl
Salz, Pfeffer
1 EL Rapsöl

Zubereitungszeit
ca. 15 Minuten
Garzeit
8–10 Minuten

Eine Portion enthält
357 kcal/1492 kJ
31 g Eiweiß
21 g Fett
12 g Kohlenhydrate
2 g Ballaststoffe

Zubereitung

1| Karotte schälen und putzen, Zucchini waschen und putzen. Beides grob raspeln und mit dem Hackfleisch, Ei, Quark und Paniermehl gut vermengen. Den Hackfleischteig mild mit Salz und Pfeffer würzen und kleine Küchlein daraus formen.

2| Öl in einer beschichten Pfanne erhitzen und die Küchlein darin rundum sanft andünsten.

Hirschtopf

Konkurrenz für den Weihnachtskarpfen

Zutaten für 2 Portionen

1 Stück Knollensellerie
  (ca. 200 g)
2 Karotten
250 g Hirschfleisch
1 EL Rapsöl
1 geh. EL Tomatenmark
Salz, Pfeffer
500 ml Wildfond (Glas)
1 Lorbeerblatt
2 Wacholderbeeren
1 EL Johannisbeergelee
1 TL Stärke

Zubereitungszeit
15 Minuten
Garzeit
ca. 2 Stunden

Eine Portion enthält
415 kcal/1736 kJ
41 g Eiweiß
19 g Fett
19 g Kohlenhydrate
8 g Ballaststoffe

Zubereitung

1| Sellerie und Karotten waschen, schälen und in ca. 2 cm große Würfel schneiden.

2| Das Hirschfleisch waschen, Häute und Sehnen abschneiden und in mundgerechte Stücke schneiden. Öl in einem mittelgroßen Topf kurz erhitzen und das Fleisch darin rundherum 3 bis 5 Minuten andünsten. Tomatenmark zugeben und kurz mitanrösten, mit Salz und Pfeffer mild würzen und mit dem Wildfond ablöschen. Sellerie, Karotten, Lorbeerblatt und Wacholderbeeren zugeben, aufkochen und zugedeckt bei mittlerer Hitze 1,5 bis 2 Stunden schmoren lassen.

3| Am Ende der Garzeit nochmals abschmecken, Lorbeerblatt und Wacholderbeeren entfernen, Johannisbeergelee einrühren. Stärke mit etwas kaltem Wasser glatt rühren und in das kochende Hirschgulasch einrühren, 1 Minute kochen lassen und servieren.

Rinderragout „Asian Style"

Gewürze sind Trumpf

Zutaten für 2 Portionen

5 Kardamomkapseln
1 TL Koriandersaat
½ EL Fenchelsaat
1 TL Kreuzkümmel
1 Stück Hokkaidokürbis
   (ca. 350 g)
2 mittelgroße Kartoffeln
250 g Rinderschulter
Salz, Pfeffer
1 EL Rapsöl
600 ml Rinderfond (Glas)
1 Lorbeerblatt

Zubereitungszeit
10 Minuten
Garzeit
ca. 2 Stunden 10 Minuten

Eine Portion enthält
448 kcal/1874 kJ
42 g Eiweiß
20 g Fett
23 g Kohlenhydrate
6 g Ballaststoffe

Zubereitung

1| Die Kardamomsamen aus den Kapseln lösen und zusammen mit den weiteren Gewürzen im Mörser fein zerstoßen.

2| Kürbis und Kartoffeln waschen, Kürbis entkernen, Kartoffeln schälen und in grobe Würfel schneiden.

3| Das Fleisch waschen, trocknen, ebenfalls grob würfeln und mit der vorbereiteten Gewürzmischung vermengen. In eine Schüssel geben und abgedeckt 1 Stunde in den Kühlschrank stellen.

4| Fleisch sanft salzen und pfeffern und das Öl in einem mittelgroßen Topf kurz erhitzen. Fleisch darin rundherum 3 bis 5 Minuten andünsten. Gemüse zugeben und einige Minuten mitgaren und mit dem Fond ablöschen. Lorbeerblatt zugeben und das Ragout aufkochen lassen und zugedeckt bei mittlerer Hitze 1 bis 1,5 Stunden schmoren lassen.

5| Am Ende der Garzeit das Ragout nochmals abschmecken, das Lorbeerblatt entfernen und das Ragout servieren.

Tipp
Tauschen Sie die Gemüsesorten ganz nach Ihrem Geschmack und nach Verträglichkeit aus.

Rindermedaillons

Für besondere Anlässe

Zutaten für 2 Portionen

30 g getrocknete Tomaten
½ Bund Basilikum
4 kleine Rindermedaillons
  (à 120 g)
etwas Salz, Pfeffer
1 EL Olivenöl
100 g Cocktailtomaten

Zubereitungszeit
ca. 20 Minuten
Garzeit
8–10 Minuten

Eine Portion enthält
232 kcal/969 kJ
35 g Eiweiß
10 g Fett
1 g Kohlenhydrate
0 g Ballaststoffe

Zubereitung

1| Die Tomaten in schmale Streifen schneiden. Basilikum waschen, trocknen, die Blättchen abzupfen und fein schneiden.

2| Die Rindermedaillons mild salzen und pfeffern. In jedes Medaillon einen Schnitt machen und diesen mit dem Stiel eines Teelöffels vergrößern. Die Tomaten und die Basilikumblättchen hineinfüllen und mit einem Holzstäbchen verschließen.

3| Das Olivenöl in einer beschichteten Pfanne sanft erhitzen, die Medaillons von jeder Seite 1 bis 2 Minuten andünsten. 2 Minuten vor Ende der Garzeit die gewaschenen und getrockneten Tomaten zugeben und mitgaren.

Gulascheintopf mit Kartoffeln und Karotten

Etwas Warmes für kalte Tage

Zutaten für 2 Portionen

3 mittelgroße Kartoffeln
2 Karotten
1 EL Rapsöl
250 g gemischtes
  Gulaschfleisch
1 geh. EL Tomatenmark
Salz, Pfeffer
400 ml Fleischbrühe
1 TL Stärke

Zubereitungszeit
10 Minuten
Garzeit
ca. 2 Stunden 10 Minuten

Eine Portion enthält
435 kcal/1818 kJ
38 g Eiweiß
19 g Fett
27 g Kohlenhydrate
6 g Ballaststoffe

Zubereitung

1| Das Fleisch waschen, trocknen und eventuell überflüssiges Fett abschneiden.

2| Öl in einem mittelgroßen Topf kurz erhitzen und das Fleisch darin rundherum 3 bis 5 Minuten andünsten. Tomatenmark zugeben und kurz mitrösten, mit Salz und Pfeffer würzen und mit Fleischbrühe ablöschen.

3| Kartoffeln und Karotten schälen, waschen und in ½ cm dicke Scheiben schneiden. Kartoffeln und Karotten zugeben, das Gulasch aufkochen lassen und zugedeckt bei mittlerer Hitze 1,5 bis 2 Stunden schmoren lassen.

4| Am Ende der Garzeit das Gulasch mild abschmecken, Stärke mit etwas kaltem Wasser glatt rühren und in das kochende Gulasch einrühren, 1 Minute kochen lassen und servieren.

Buntes Kalbsgeschnetzeltes

Besonders fein

Zutaten für 2 Portionen

1 Karotte
3 Stangen Sellerie (ca. 150 g)
250 g Kalbfleisch
2 TL Rapsöl
Salz, Pfeffer
250 ml Fleischbrühe
1 EL fettreduzierter
   Frischkäse
1 TL Stärke
2 Stängel Petersilie

Zubereitungszeit
15 Minuten
Garzeit
ca. 10 Minuten

Eine Portion enthält
342 kcal/1429 kJ
39 g Eiweiß
17 g Fett
8 g Kohlenhydrate
4 g Ballaststoffe

Zubereitung

1| Karotte waschen, putzen, schälen und in etwa 0,5 cm dicke Scheiben schneiden. Sellerie waschen, putzen und ebenfalls in etwa 0,5 cm dicke Scheiben schneiden.

2| Das Fleisch waschen, trocknen, in schmale Streifen schneiden.

3| Die Hälfte des Öls in einer beschichteten Pfanne kurz erhitzen und die Gemüsescheiben darin einige Minuten andünsten. Herausnehmen und zur Seite stellen. Das restliche Öl in die heiße Pfanne geben, die Fleischstreifen darin rundherum andünsten, mild salzen und pfeffern. Das Gemüse zum Fleisch geben und mit Fleischbrühe ablöschen, aufkochen, den Frischkäse zugeben und schmelzen lassen.

4| Die Stärke mit etwas kaltem Wasser glatt rühren und in das kochende Geschnetzelte einrühren, 1 Minute kochen lassen, bis die Sauce etwas bindet, und nochmals abschmecken.

5| Die Petersilie waschen, trocknen, Blättchen abzupfen und fein schneiden. Geschnetzeltes mit gehackter Petersilie bestreut servieren.

Gefüllte Kräuter-Hähnchenbrust

Einfach und trotzdem raffiniert

Zutaten für 2 Portionen

½ kleines Bund Petersilie
½ Biozitrone
1 EL Kapern
20 g Parmesan
2 kleine Hähnchenbrustfilets
   (à ca. 120 g)
Salz
1 EL Olivenöl

Zubereitungszeit
ca. 20 Minuten
Garzeit
ca. 40 Minuten

Eine Portion enthält
241 kcal/1006 kJ
32 g Eiweiß
12 g Fett
1 g Kohlenhydrate
0 g Ballaststoffe

Zubereitung

1| Die Petersilie waschen, trocknen, Blättchen abzupfen und fein hacken. Zitrone heiß waschen, trocknen und die Schale auf einer feinen Gemüsereibe abreiben. Dann die Zitrone halbieren und eine Hälfte auspressen. Den Zitronenabrieb mit der gehackten Petersilie und den Kapern vermengen. Den Parmesan fein reiben und mit 2 Teelöffeln Zitronensaft unter die Kräuter-Kapern-Masse mengen

2| Die Hähnchenbrustfilets waschen, trocknen und von oben schräg ca. 4 x 1 cm tief einschneiden.

3| Den Backofen auf 180 °C (Ober- und Unterhitze) vorheizen. Die Kräuter-Kapern-Masse in die Einschnitte geben und die Hähnchenfilets salzen und pfeffern. Das Öl in einer beschichteten Pfanne sanft erhitzen und das Fleisch darin von allen Seiten sanft anbraten.

4| Im heißen Backofen weitere 15 Minuten garen, mit dem entstandenen Sud servieren.

Tipp
Genießen Sie dazu ein cremiges Risotto, das Rezept finden Sie auf Seite 134.
Sollten Sie Zitrusfrüchte nicht vertragen, können Sie sie einfach weglassen.

Schweinemedaillons „Italia"

Nicht nur für Gäste

Zutaten für 2 Portionen

250 g Schweinefilet
1 EL Olivenöl
Salz, Pfeffer
2 Tomaten
1 Kugel Mozzarella,
   fettreduziert
1 Handvoll frische
   Basilikumblätter

Zubereitungszeit
ca. 15 Minuten
Garzeit
ca. 15 Minuten

Eine Portion enthält
341 kcal/1423 kJ
29 g Eiweiß
24 g Fett
1 g Kohlenhydrate
1 g Ballaststoffe

Zubereitung

1| Das Schweinefilet in 6 gleich große Stücke schneiden. Öl in einer beschichteten Pfanne leicht erhitzen und die Medaillons darin von beiden Seiten ca. 2 Minuten sanft anbraten, leicht salzen und pfeffern.

2| Tomaten waschen, halbieren, Stängelansatz herausschneiden und die Tomatenhälften in schmale Scheiben schneiden. Mozzarella ebenfalls in schmale Scheiben schneiden. Basilikumblätter waschen und in schmale Streifen schneiden.

3| Backofen auf 200 °C (Ober- und Unterhitze) vorheizen.

4| Medaillons in eine feuerfeste Form legen und Tomaten, Mozzarella und Basilikumblätter dachziegelartig darauf verteilen. Im heißen Ofen ca. 10 Minuten überbacken.

Schweinefilet mit Grießhaube

Ein Gruß aus Italien

Zutaten für 2 Portionen

4 getrocknete Tomaten
1 EL Olivenöl
2 EL Weizengrieß
200 ml Gemüsebrühe
40 g Parmesan
Salz, Pfeffer
1 geh. EL gehackte Petersilie
250 g Schweinefilets
300 g Cocktailtomaten

Zubereitungszeit
20 Minuten
Garzeit
ca. 25 Minuten

Eine Portion enthält
424 kcal/1771 kJ
37 g Eiweiß
23 g Fett
17 g Kohlenhydrate
3 g Ballaststoffe

Zubereitung

1| Die getrockneten Tomaten in kleine Würfel schneiden. Die Hälfte des Öls in einem kleinen Topf kurz erhitzen und die Tomatenwürfel darin andünsten. Grieß dazugeben und mit 150 ml Gemüsebrühe aufgießen. Aufkochen lassen und bei mittlerer Hitze 5 Minuten köcheln lassen.

2| Den Parmesan fein reiben und die Hälfte zusammen mit Salz, Pfeffer und Petersilie zur Grießmasse geben. Abkühlen lassen.

3| Den Backofen auf 220 °C (Ober- und Unterhitze) vorheizen.

4| Schweinefilets waschen, trocknen, ggf. von Häuten und Sehnen befreien, in zwei gleichmäßige Stücke schneiden und mit Salz würzen. Im restlichen Öl je 1 Minute von beiden Seiten kurz andünsten. Grießmasse mit angefeuchteten Händen auf die Schweinefilets setzen und mit restlichem Parmesan bestreuen.

5| Die Tomaten waschen, ggf. Stiele entfernen, Tomaten in eine Auflaufform geben und mit Salz und Pfeffer leicht würzen. Die Filets dazwischen setzen und die restliche heiße Brühe zugeben.

6| Im Ofen ca. 15 Minuten überbacken.

Hähnchenbrust mit Fenchelgemüse

Mit mediterranem Pfiff

Zutaten für 2 Portionen

Für das Hähnchen
4 Zweige Zitronenthymian
1 TL Olivenöl
1 TL Honig
2 kleine Hähnchenbrustfilets
   (à ca. 120 g)
Salz, Pfeffer

Für den Fenchel
1 große Fenchelknolle
   (ca. 450 g)
1 Handvoll frische Kräuter,
   z. B. Oregano, Rosmarin
   und Majoran
1½ EL Olivenöl

Zubereitungszeit
ca. 20 Minuten
Garzeit
ca. 25 Minuten

Eine Portion enthält
281 kcal/1174 kJ
33 g Eiweiß
12 g Fett
8 g Kohlenhydrate
8 g Ballaststoffe

Zubereitung

1| Die Zitronenthymianzweige waschen, trocknen, Blättchen abzupfen und grob hacken, mit Öl und Honig vermengen. Das Fleisch abspülen, trocken tupfen, mit dem Gewürzöl bestreichen und mild mit Salz und Pfeffer würzen. Etwas durchziehen lassen.

2| Backofen auf 180 °C (Ober- und Unterhitze) vorheizen.

3| Inzwischen den Fenchel putzen, das Grün waschen und klein schneiden und den Fenchel in schmale Spalten schneiden. Die Kräuter waschen, trocknen, die Blättchen bzw. Nadeln von den Stängeln zupfen und grob zerkleinern.

4| Eine beschichtete Pfanne leicht erhitzen. 1 Esslöffel Öl hineingeben und das Fleisch ca. 4 Minuten mit sanft anbraten. Herausnehmen, in eine feuerfeste Form legen und ca. 15 Minuten im Ofen garen.

5| Inzwischen das restliche Öl in der Pfanne, in der das Fleisch gebraten wurde, erhitzen. Die Fenchelspalten darin ca. 4 Minuten andünsten, mild mit Salz und Pfeffer würzen, etwa 50 ml Wasser zugießen und aufkochen lassen. Einen Deckel auflegen und den Fenchel ca. 5 Minuten bei mittlerer Hitze köcheln lassen. Kräuter und Fenchelgrün kalt untermischen und zu den Hähnchenfilets servieren.

Bulgur-Gemüse-Pfanne

Bunt und schnell

Zutaten für 2 Portionen

100 g Bulgur
2 TL Olivenöl
1 EL Tomatenmark
200 ml Gemüsebrühe
Salz, Pfeffer
1 mittelgroße Karotte
250 g grüner Spargel
1 gelbe Zucchini (ca. 200 g)
100 ml Gemüsebrühe
1 Stängel Petersilie
1 EL Sojasauce

Zubereitungszeit
15 Minuten
Garzeit
ca. 15 Minuten

Eine Portion enthält
300 kcal/1253 kJ
12 g Eiweiß
7 g Fett
43 g Kohlenhydrate
11 g Ballaststoffe

Zubereitung

1| Die Hälfte des Öls in einem Topf kurz erhitzen, Bulgur darin andünsten, Tomatenmark zugeben, kurz mitdünsten und mit Gemüsebrühe ablöschen. Bulgur salzen und bei niedriger Hitze ca. 10 Minuten köcheln lassen, ggf. noch mit etwas Wasser auffüllen.

2| Das Gemüse waschen und putzen, dabei vom Spargel die unteren Drittel schälen. Karotte und Zucchini in schmale Scheiben schneiden, Spargel in ca. 2 cm lange Stücke schneiden. Das restliche Öl kurz erhitzen und die Karotten und Spargelstücke darin sanft anbraten, mit Gemüsebrühe ablöschen und 3 bis 5 Minuten köcheln lassen. 2 Minuten vor Ende der Garzeit die Zucchini zugeben und ebenfalls kurz mitgaren.

3| Die Petersilie waschen, trocknen, Blättchen abzupfen und fein hacken. Petersilie und Bulgur unter das Gemüse mischen und mit Sojasauce, Salz und Pfeffer mild abschmecken.

Tipp
Probieren Sie in der kalten Jahreszeit unterschiedliche Kürbisvarianten (z. B. Hokkaido, Muskatkürbis oder Butternusskürbis) zum Pfannenbulgur aus.

Kartoffeln mit Pestoquark

Deutscher Klassiker mit italienischem Pep

Zutaten für 2 Portionen

4–6 mittelgroße Kartoffeln,
  vorwiegend festkochend
  (400–500 g)
250 g Magerquark
1 Schuss Milch, 1,5 % Fett
Salz, Pfeffer
2 Handvoll Basilikumblätter
1 TL Olivenöl

Zubereitungszeit
ca. 10 Minuten
Garzeit
ca. 20 Minuten

Eine Portion enthält
270 kcal/1129 kJ
22 g Eiweiß
4 g Fett
35 g Kohlenhydrate
5 g Ballaststoffe

Zubereitung

1| Kartoffeln gründlich waschen und ca. 20 Minuten kochen lassen.
2| Inzwischen den Quark und die Milch mit einem Schneebesen glatt rühren und mit Salz und Pfeffer würzen. Basilikum waschen und in schmale Streifen schneiden. Basilikumstreifen und Olivenöl unter den vorbereiteten Quark rühren und mit den gekochten Kartoffeln servieren.

Kürbis-Spinat-Lasagne

Herbstlich-aromatisch

Zutaten für 2 Portionen

300 g Kürbis, z. B. Muskatkürbis
1 Zweig Rosmarin
1 TL Olivenöl
180 g Blattspinat
Salz, Pfeffer
Muskatnuss
20 g Parmesan
2 TL Rapsöl
1 gestr. EL Weizenmehl,
   Typ 550
200 ml Milch, 1,5 % Fett
1 kleines Lorbeerblatt
1 Nelke
100 g Frischkäse,
   fettreduziert
4 Lasagneblätter
1 Handvoll Salbeiblätter

Zubereitungszeit
ca. 25 Minuten
Garzeit
ca. 1 Stunde 40 Minuten

Eine Portion enthält
444 kcal/1855 kJ
19 g Eiweiß
20 g Fett
46 g Kohlenhydrate
8 g Ballaststoffe

Zubereitung

1| Den Backofen auf 220 °C (Grillfunktion) vorheizen.

2| Den Kürbis schälen und die Kerne entfernen. Das Kürbisfleisch in 0,5 cm dicke Scheiben schneiden und mit dem gewaschenen Rosmarinzweig und dem Öl auf ein Backblech geben und 8 bis 10 Minuten grillen. Herausnehmen. Die Backofentemperatur auf 180 °C (Ober- und Unterhitze) zurückstellen.

3| Inzwischen den Spinat putzen, waschen und 2 Minuten in kochendem Salzwasser blanchieren. Herausnehmen, ausdrücken, hacken und leicht mit Salz, Pfeffer und Muskatnuss würzen. Den Parmesan fein reiben.

4| Für die Béchamelsauce das Öl in einem Topf erhitzen. Mehl zugeben und unter Rühren 30 Sekunden bei milder Hitze anschwitzen. Mit 100 ml Milch auffüllen und mit einem Schneebesen glatt rühren. Nach und nach die restliche Milch zugießen und unter Rühren aufkochen. Lorbeerblatt und Nelke zugeben und ca. 20 Minuten köcheln lassen. Die Sauce durch ein Sieb gießen, den Frischkäse zugeben und unter Rühren nochmals aufkochen lassen. Mild mit Salz, Pfeffer und Muskatnuss abschmecken.

5| In eine Auflaufform etwas Béchamelsauce auf den Boden geben und abwechselnd Lasagneblätter, Spinat, Kürbis und Béchamelsauce einschichten. Mit Spinat und Béchamelsauce abschließen. Parmesan darüber streuen und im Ofen 35 bis 40 Minuten überbacken.

6| Salbei waschen, trocknen, Blätter abzupfen und fein hacken. Die Lasagne vor dem Servieren mit dem Salbei bestreuen.

Gefüllte Zucchini

Für die ganze Familie

Zutaten für 2 Portionen

75 g heller Reis
150 ml Gemüsefond (Glas)
2 Karotten
½ kleines Bund Petersilie
2 kleinere Zucchini
100 g geriebener Gouda,
  40 % Fett i. Tr.
Salz, Pfeffer
Kurkuma
2 Zweige Zitronenthymian
2 Handvoll Basilikumblätter
3 reife Tomaten
1 TL Olivenöl

Zubereitungszeit
ca. 25 Minuten
Garzeit
ca. 1 Stunde

Eine Portion enthält
417 kcal/1745 kJ
21 g Eiweiß
16 g Fett
41 g Kohlenhydrate
7 g Ballaststoffe

Zubereitung

1| Den Reis in kochendem Gemüsefond ca. 20 Minuten garen.

2| Karotten waschen, schälen, putzen und in kleine Würfel schneiden. Petersilie waschen, Blättchen abzupfen und fein hacken. Zucchini waschen, putzen, der Länge nach halbieren und aushöhlen.

3| Das Zucchinifleisch klein schneiden und mit den Karottenwürfeln und dem Käse unter den Reis mengen. Mit den Gewürzen mild abschmecken. Die Kräuter waschen, Blättchen von den Stängeln zupfen und fein hacken, die Hälfte der Kräuter unter die Reis-Gemüse-Mischung geben und diese in die vorbereiteten Zucchini füllen. Falls nicht alles in die Zucchinis passt, daneben in die Auflaufform geben.

4| Den Backofen auf 220 °C (Ober- und Unterhitze) vorheizen.

5| Die Tomaten waschen, halbieren, den Strunk herausschneiden und die Tomatenhälfen in Würfel schneiden, mit Salz und den restlichen Kräutern abschmecken.

6| Eine Auflaufform mit dem Öl fetten, die Tomatenmasse zugeben, etwas Wasser zugeben und die Zucchinihälften daraufsetzen. Mit geschlossenem Deckel 30 bis 40 Minuten im heißen Ofen garen.

Tipp
In den Sommermonaten eignen sich auch sonnengereifte, große Fleischtomaten oder Auberginen gut zum Füllen.

Zucchinipfannkuchen

Herzhafte Variante des süßen Klassikers

Zutaten für 2 Portionen

75 g Dinkelmehl, Typ 630
1 Ei
125 ml Milch, 1,5 % Fett
Salz
1 kleine Zucchini (ca. 150 g)
2 Stängel Petersilie
30 g Parmesan
1 EL Rapsöl

Zubereitungszeit
ca. 10 Minuten
Garzeit
ca. 10 Minuten

Eine Portion enthält
353 kcal/1477 kJ
16 g Eiweiß
18 g Fett
32 g Kohlenhydrate
2 g Ballaststoffe

Zubereitung

1| Aus Mehl, Ei, Milch und Salz einen Pfannkuchenteig rühren.

2| Die Zucchini waschen, putzen und auf einer Gemüsereibe grob raspeln. Petersilie waschen, trocknen, Blättchen abzupfen und fein hacken. Parmesan fein reiben und zusammen mit Zucchini und Petersilie unter den Pfannkuchenteig rühren.

3| Die Hälfte des Öls in einer beschichteten Pfanne erhitzen und aus der Hälfte des Teiges einen dicken Pfannkuchen backen. Warm stellen und mit dem restlichen Öl und Teig einen weiteren Pfannkuchen backen.

Tipp
Genießen Sie zu den Pfannkuchen einen knackig frischen Salat.

Herbstliche Spätzlepfanne

Nicht nur für kalte Tage

Zutaten für 2 Portionen

1 Stück Kürbis, z. B.
    Butternuss oder Hokkaido
    (ca. 250 g)
150 g Weizenmehl, Typ 550
2 Eier
Salz
1 Karotte
1 Petersilienwurzel
    (ca. 200 g)
2 Stängel Petersilie
40 g Bergkäse
1 EL Rapsöl

Zubereitungszeit
ca. 10 Minuten
Garzeit
ca. 10 Minuten

Eine Portion enthält
562 kcal/2347 kJ
24 g Eiweiß
22 g Fett
65 g Kohlenhydrate
13 g Ballaststoffe

Zubereitung

1| Den Kürbis waschen, entkernen, Butternuss-kürbis schälen, nur Hokkaido kann mit Schale verarbeitet werden. Kürbis in grobe Würfel schneiden und in etwas Salzwasser in ca. 20 Minuten weich garen. Dann abkühlen lassen und durch eine Kartoffelpresse drücken. Aus Mehl, Ei, 125 ml Wasser, Kürbismus und Salz einen Spätzleteig rühren, der Teig sollte zähflüssig sein, damit er sich gut durch den Spätzlehobel hobeln lässt.

2| Karotte und Petersilienwurzel waschen, putzen, schälen und in kleine Würfel schneiden. Petersilie waschen, trocknen, Blättchen abzupfen und fein hacken. Bergkäse fein reiben.

3| Reichlich Salzwasser zum Kochen bringen und den Spätzleteig portionsweise durch den Spätzlehobel in das kochende Wasser hobeln. Spätzle im offenen Topf rasch aufkochen lassen, bis sie an der Oberfläche schwimmen. Mit einem Schaumlöffel herausnehmen und zur Seite stellen.

4| Öl in einer beschichteten Pfanne erhitzen und die Gemüsewürfel darin andünsten, mit etwas Wasser oder Gemüsebrühe ablöschen und einige Minuten köcheln lassen, bis die Flüssigkeit verdampft ist und das Gemüse bissfest ist. Spätzle zum Gemüse in die Pfanne geben, abschmecken, Petersilie und Käse zugeben und solange erwärmen, bis der Käse geschmolzen ist.

Kürbistortilla

Auch kalt ein Genuss

Zutaten für 2 Portionen

600 g Hokkaidokürbis
1 TL Kürbiskernöl
Salz, Pfeffer
Muskatnuss
3 Eier
3 EL Milch, 1,5 % Fett
1 TL Tomatenmark
½ Bund Kerbel
1 TL Rapsöl

Zubereitungszeit
ca. 20 Minuten
Garzeit
ca. 40 Minuten

Eine Portion enthält
262 kcal/1096 kJ
14 g Eiweiß
16 g Fett
14 g Kohlenhydrate
6 g Ballaststoffe

Zubereitung

1| Den Kürbis waschen, entkernen und in schmale Spalten schneiden, dann quer in schmale Scheiben schneiden.

2| Kürbiskernöl in einer beschichteten Pfanne erhitzen und die Kürbisstücke darin unter Rühren ca. 5 Minuten anbraten, würzen, Temperatur zurückdrehen und zugedeckt weitere 5 Minuten garen, ggf. etwas Wasser zugießen. Den Backofen auf 180 °C (Ober- und Unterhitze) vorheizen.

3| Eier, Milch und Tomatenmark miteinander verquirlen. Kerbel waschen, trocknen, Blättchen abzupfen und fein hacken. Mit der Eiermilch verschlagen und mit Salz, Pfeffer und Muskatnuss mild würzen.

4| Die Kürbisstücke vom Pfannenboden lösen, den Pfannenrand mit dem Rapsöl bepinseln, Eiermilch über die Kürbistücke gießen und im heißen Ofen ca. 20 bis 30 Minuten stocken lassen.

5| Den Rand und den Boden der Tortilla vorsichtig lösen und die Tortilla auf eine vorgewärmte Platte gleiten lassen, gleich servieren.

Tipp
Genießen Sie zu der Tortilla einen knackig frischen Salat.

Kürbisrisotto

Ein herbstlicher Gruß aus Italien

Zutaten für 2 Portionen

400 g Hokkaidokürbis
500 ml Gemüsebrühe
1 TL Kürbiskernöl
125 g Risottoreis
Salz, Pfeffer
40 g Parmesan
2 Zweige Zitronenthymian

Zubereitungszeit
ca. 15 Minuten
Garzeit
ca. 30 Minuten

Eine Portion enthält
418 kcal/1749 kJ
16 g Eiweiß
12 g Fett
61 g Kohlenhydrate
6 g Ballaststoffe

Zubereitung

1| Den Kürbis waschen, entkernen und in kleine Würfel schneiden. Gemüsebrühe aufkochen.

2| Kürbiskernöl erhitzen und die Hälfte der Kürbisstücke darin unter Rühren ca. 1 Minuten anbraten. Den Reis zugeben und 1 weitere Minute glasig dünsten. Mild salzen, pfeffern und mit etwas Brühe ablöschen. Unter Rühren das Risotto 20 bis 25 Minuten garen, dabei nach und nach die gesamte Brühe zugießen. Nach 10 Minuten die restlichen Kürbisstücke zugeben.

3| Parmesan fein reiben, Thymianzweige waschen, trocknen, Blättchen abzupfen.

4| Kurz vor Ende der Garzeit Parmesan und Thymianblättchen untermengen und nach Geschmack nochmals nachwürzen.

Gebratener Basmatireis
mit buntem Gemüse

Im fein-würzigen Asiastyle

Zutaten für 2 Portionen

1 mittelgroße Karotte
1 Petersilienwurzel oder
   Pastinake (ca. 150 g)
1 kleine Zucchini (ca. 150 g)
1 TL Sesamöl
2 EL Sojasauce
1 TL Sojaöl
Salz, Pfeffer
Korianderpulver
Zimt
Zitronengraspulver
2 Eier
50 g frische Sprossen
   (z. B. Alfalfa-Sprossen)
2 Stängel frischer Koriander
150 g gekochter Basmatireis
   (vom Vortag)

Zubereitungszeit
ca. 20 Minuten
Marinierzeit
15 Minuten
Garzeit
ca. 10 Minuten

Eine Portion enthält
483 kcal/2017 kJ
18 g Eiweiß
14 g Fett
70 g Kohlenhydrate
8 g Ballaststoffe

Zubereitung

1| Das Gemüse waschen und putzen. Karotte und Petersilienwurzel bzw. Pastinake schälen und in schmale Streifen schneiden. Zucchini ebenfalls in schmale Streifen schneiden. Aus Sesamöl und der Hälfte der Sojasauce eine Marinade herstellen und die Gemüsestreifen darin ca. 15 Minuten marinieren.

2| 1 Teelöffel Sojaöl erhitzen und die Gemüsestreifen darin unter Rühren ca. 2 bis 3 Minuten anbraten, den Reis zugeben und 3 Minuten mitbraten. Mit den Gewürzen mild abschmecken.

3| Die Eier in einer kleinen Schüssel verquirlen und mit der restlichen Sojasauce vermischen.

4| Sprossen waschen und gut abtropfen lassen. Koriander waschen, Blättchen abzupfen und fein hacken. Den Koriander unter die Eier mischen und zusammen mit den Sprossen unter den gebratenen Reis mengen, leicht stocken lassen und abschmecken.

Orientalische Couscous-Pfanne

Preiswert und trotzdem lecker

Zutaten für 2 Portionen

Für die Couscous-Pfanne
1 Karotte
1 Zucchini (ca. 220 g)
1 EL Sojaöl
300 ml Gemüsebrühe
150 g Couscous
Salz, Pfeffer
Koriander
Zimt
Kurkuma
1 TL Sesam

Für den Dip
4 EL Naturjoghurt, 1,5 % Fett
1 EL gehackte
   Korianderblättchen
Salz

Zubereitungszeit
ca. 15 Minuten
Garzeit
ca. 20 Minuten

Eine Portion enthält
434 kcal/1813 kJ
14 g Eiweiß
12 g Fett
61 g Kohlenhydrate
13 g Ballaststoffe

Zubereitung

1| Karotte und Zucchini waschen, putzen, Karotte schälen und beide Gemüsesorten in kleine Würfel schneiden. Öl in einer beschichteten Pfanne erhitzen und die Karottenwürfel 3 bis 5 Minuten darin andünsten, Zucchiniwürfel zugeben und mit etwas Wasser ablöschen. Weitere 3 Minuten köcheln lassen.

2| Die Brühe aufkochen. Couscous und Gewürze zugeben und ca. 10 Minuten bei niedriger Hitze köcheln lassen.

3| Sesam in einer beschichteten Pfanne ohne Fett anrösten.

4| Das vorbereitete Gemüse und den Sesam unter den gegarten Couscous mischen und nach Geschmack nochmals mild nachwürzen.

5| Aus Joghurt, Korianderblättchen und Salz einen Dip herstellen und zum Couscous reichen.

Gemüse-Risi-Bisi

Konfettireis

Zutaten für 2 Portionen

300 g Sellerie
1 Petersilienwurzel
  (ca. 250 g)
250 ml Gemüsebrühe
1 TL Rapsöl
125 g Reis
1 EL Tomatenmark
Salz, Pfeffer
Kurkuma
2 Stängel Petersilie

Zubereitungszeit
ca. 10 Minuten
Garzeit
ca. 30 Minuten

Eine Portion enthält
367 kcal/1534 kJ
10 g Eiweiß
10 g Fett
59 g Kohlenhydrate
10 g Ballaststoffe

Zubereitung

1| Das Gemüse waschen, trocknen, schälen und in kleine Würfel schneiden. Gemüsebrühe aufkochen.

2| Rapsöl erhitzen und die Gemüsewürfel darin leicht andünsten. Reis und Tomatenmark zugeben und einige Minuten glasig dünsten. Mild würzen, mit der Brühe ablöschen und Gemüsereis 20 Minuten garen.

3| Petersilienzweige waschen, trocknen, Blättchen abzupfen und fein hacken.

4| Petersilie unter den Gemüsereis mischen und bei Bedarf nochmals nachwürzen.

Tipp
Wandeln Sie das Gericht nach Ihren Vorlieben ab und probieren Sie Ihre Lieblingsgemüsesorten aus. Im Frühling eignen sich z. B. junge Möhren und knackiger grüner Spargel.

Sommerpasta

Schnell und köstlich

Zutaten für 2 Portionen

120 g Farfalle
Salz
2 kleine Zucchini (ca. 220 g)
200 g gelbe Cocktailtomaten
40 g Parmesan
frische Kräuter, z. B.
   Basilikum, Oregano,
   Zitronenthymian
1 EL Olivenöl
1 EL Tomatenmark
1 EL rotes Pesto (Glas)
1 TL Zitronensaft
Pfeffer
Zucker
1 Schuss Balsamicoessig

Zubereitungszeit
ca. 15 Minuten
Garzeit
ca. 15 Minuten

Eine Portion enthält
449 kcal/1877 kJ
18 g Eiweiß
20 g Fett
49 g Kohlenhydrate
6 g Ballaststoffe

Zubereitung

1| Die Nudeln im kochenden Salzwasser nach Packungsanweisung al dente garen. Vom Nudelwasser ca. 100 ml auffangen und zur Seite stellen.

2| Die Zucchini waschen, putzen und auf einer Gemüsereibe grob raspeln. Die Tomaten waschen und halbieren.

3| Parmesan fein reiben, Kräuter waschen, trocknen, Blättchen abzupfen und fein schneiden.

4| Öl in einer beschichteten Pfanne sanft erhitzen und das Tomatenmark darin kurz anrösten, die Tomatenhälften zugeben und einige Minuten mitgaren, mit dem Nudelwasser ablöschen und die Zucchiniraspel untermengen. Pesto und Zitronensaft zugeben, aufkochen lassen und mit Salz, Pfeffer und Zucker, dem Essig und den Kräutern mild abschmecken.

5| Parmesan und Nudeln unter die Sauce mengen.

Beilagen und Gemüse

Gnocchi selbstgemacht

Einfach und doch besonders

Zutaten für 2 Portionen

250 g mehlig kochende
  Kartoffeln
40 g Weizengrieß
20 g Stärke
1 Eigelb
Salz, Pfeffer
Muskatnuss

Zubereitungszeit
30 Minuten
Garzeit
ca. 25 Minuten

Eine Portion enthält
223 kcal/932 kJ
6 g Eiweiß
4 g Fett
41 g Kohlenhydrate
4 g Ballaststoffe

Zubereitung

1| Kartoffeln in kochendem Wasser als Pell-
kartoffeln ca. 20 Minuten garen, abgießen,
etwas abkühlen lassen, pellen und durch
eine Kartoffelpresse drücken.

2| Grieß, Stärke und Eigelb dazugeben, ebenso
Salz, Pfeffer und Muskatnuss, und auf einer
bemehlten Arbeitsfläche schnell zu einem
gleichmäßigem Teig verarbeiten und
abschmecken. Den Teig zu länglichen Rollen
von etwa 1 cm Durchmesser formen. Stücke
von ca. 2 cm Länge abschneiden und mit
einer Gabel Rillen eindrücken.

3| Reichlich Salzwasser zum Kochen bringen,
Gnocchi nach und nach zugeben, kurz auf-
kochen lassen und ca. 4 bis 5 Minuten bei
niedrigster Hitze ziehen lassen.

Rosmarinkartoffeln

Perfekt zu gegrilltem Fleisch oder Fisch

Zutaten für 2 Portionen

6 mittelgroße Bio-Kartoffeln
4 Zweige Rosmarin
Salz, Pfeffer
Kurkuma
1 EL Olivenöl

Zubereitungszeit
ca. 10 Minuten
Garzeit
ca. 30 Minuten

Eine Portion enthält
240 kcal/1005 kJ
5 g Eiweiß
8 g Fett
35 g Kohlenhydrate
6 g Ballaststoffe

Zubereitung

1| Den Backofen auf 200 °C (Ober- und Unter-hitze) vorheizen. Die Kartoffeln gründlich unter fließendem Wasser waschen, trocknen, halbieren und vierteln.

2| Den Rosmarin waschen, trocknen; die Nadeln von den Stielen streifen und grob hacken.

3| Kartoffeln und Rosmarin in eine Schüssel geben, Gewürze und Öl darüber geben und gründlich vermengen.

4| Auf ein Backblech geben und im heißen Backofen ca. 30 Minuten unter mehrmaligem Wenden knusprig braten.

Tipp

Besonders gut eignet sich grobes Meersalz aus der Salzmühle.
Wenn Sie die Kartoffeln mit einer Gemüse-bürste schrubben, werden sie besonders gründlich von Schmutz und Erde befreit.

Kartoffelgratin

Beilagenklassiker

Zutaten für 2 Portionen

500 g Kartoffeln
2 Zweige Thymian
¼ l Milch, 1,5 % Fett
3 geh. EL Frischkäse,
  fettreduziert
Salz, Pfeffer
Muskatnuss
½ TL Rapsöl (zum Fetten der
  Form)
100 g Emmentaler,
  30 % Fett i. Tr.

Zubereitungszeit
15 Minuten
Garzeit
ca. 55 Minuten

Eine Portion enthält
554 kcal/2314 kJ
35 g Eiweiß
26 g Fett
43 g Kohlenhydrate
6 g Ballaststoffe

Zubereitung

1| Die Kartoffeln schälen, waschen und in Scheiben hobeln. Thymian waschen, trocken tupfen. Frischkäse und Milch in einen Topf geben und Kartoffelscheiben in der Milch aufkochen lassen. Mit Thymian, Salz, Pfeffer und Muskatnuss würzen und ca. 10 Minuten köcheln lassen. Thymianzweig herausnehmen.

2| Den Backofen auf 200 °C (Ober- und Unterhitze) vorheizen.

3| Eine Auflaufform leicht fetten und die Kartoffel-Milch-Mischung hineingeben. Mit Käse bestreuen und im heißen Ofen 40 bis 45 Minuten backen.

Couscous mit buntem Gemüse

Frisch wie der Frühling

Zutaten für 2 Portionen

250 g grüner Spargel
1 Karotte
5 Stiele Kerbel
5 Stiele Estragon
1 TL Rapsöl
100 ml Gemüsebrühe
Salz, Pfeffer
100 g Instant-Couscous

Zubereitungszeit
ca. 15 Minuten
Garzeit
ca. 10 Minuten

Eine Portion enthält
271 kcal/1134 kJ
12 g Eiweiß
4 g Fett
47 g Kohlenhydrate
5 g Ballaststoffe

Zubereitung

1| Den Spargel waschen, das untere Drittel schälen, die Enden abschneiden und die Stangen schräg in Stücke schneiden. Die Karotte waschen, schälen, vierteln und in Stücke schneiden. Die Kräuter waschen, trocknen, die Blättchen abzupfen und fein hacken.

2| Das Öl erhitzen und das Gemüse darin andünsten. Mit Brühe ablöschen, mild salzen, pfeffern und zugedeckt ca. 6 bis 7 Minuten garen.

3| Den Couscous nach Packungsanweisung zubereiten, das Gemüse und die Kräuter untermengen und mild abschmecken.

Tomatenbulgur

Superschnell

Zutaten für 2 Portionen

100 ml Gemüsebrühe
100 ml Tomatensaft
100 g Bulgur
Salz, Pfeffer
4 Stängel Basilikum

Zubereitungszeit
ca. 5 Minuten
Garzeit
ca. 20 Minuten

Eine Portion enthält
189 kcal/790 kJ
6 g Eiweiß
1 g Fett
35 g Kohlenhydrate
5 g Ballaststoffe

Zubereitung

1| Gemüsebrühe und Tomatensaft zum Kochen bringen, Bulgur zugeben und mit Salz und Pfeffer mild würzen. Bulgur auf niedrigster Stufe 20 Minuten ausquellen lassen, ggf. noch Wasser zugeben.

2| Das Basilikum waschen, trocknen, Blättchen abzupfen und in schmale Streifen schneiden. Am Ende der Garzeit unter den Bulgur mengen.

Safranreis

Perfekt zu Fischgerichten

Zutaten für 2 Portionen

60 g Vollkorn-Basmatireis
1 Lorbeerblatt
2 kleine Nelken
Salz
60 g Jasminreis
½ Döschen Safran

Zubereitungszeit
ca. 5 Minuten
Garzeit
ca. 40–50 Minuten

Eine Portion enthält
210 kcal/879 kJ
4 g Eiweiß
1 g Fett
46 g Kohlenhydrate
1 g Ballaststoffe

Zubereitung

1| Den Vollkornreis, das Lorbeerblatt und die Nelken in 120 ml Salzwasser nach Packungsanweisung (ca. 40 bis 50 Minuten) garen. 20 Minuten vor Ende der Garzeit den Jasminreis zugeben, bei Bedarf noch heißes Wasser zugießen.

2| Am Ende der Garzeit das Lorbeerblatt und die Nelken entfernen und die Safranfäden unter den Reis mengen, ggf. nochmals salzen.

Tipp

Durch die 2:1-Garmethode – also 2 Teile Wasser und 1 Teil Wasser – gehen keine wertvollen Inhaltsstoffe in der Kochflüssigkeit verloren, weil der Reis das Wasser am Ende der Garzeit komplett aufgenommen hat.

Zucchini-Nudelrisotto

Einfach, aber effektvoll

Zutaten für 2 Portionen

100 g Kritharaki
Salz
1 mittelgroße Zucchini
   (ca. 230 g)
4 Zweige Zitronenthymian
1 TL Olivenöl
30 g Parmesan

Zubereitungszeit
ca. 10 Minuten
Garzeit
ca. 15 Minuten

Eine Portion enthält
287 kcal/1198 kJ
13 g Eiweiß
9 g Fett
37 g Kohlenhydrate
4 g Ballaststoffe

Zubereitung

1| Nudeln nach Packungsanweisung (ca. 12 bis 14 Minuten) im Salzwasser garen.

2| Die Zucchini waschen, trocknen, putzen und in kleine Würfel schneiden. Thymian waschen, trocknen und die Blättchen abzupfen.

3| Das Öl erhitzen und die Zucchiniwürfel kurz andünsten, mild salzen, pfeffern und mit den Thymianblättchen zusammen unter die gegarten Nudeln mengen.

4| Parmesan reiben und über dem Zucchini-Nudelrisotto verteilen, ggf. nochmals salzen.

Hinweis
Kritharaki sind kleine griechische Hartweizengrießnudeln, die die Form von Reiskörnern haben. Sie sind in gut sortierten Supermärkten erhältlich.

Überbackene Gemüsenudeln

Preiswert

Zutaten für 2 Portionen

100 g Hartweizennudeln,
   z. B. Farfalle
1 kleine Karotte
1 kleine Zucchini (ca. 100 g)
2 Stangen Sellerie (ca. 150 g)
1 EL Olivenöl
1 EL Tomatenmark
Salz, Pfeffer
Thymian, Oregano,
   Basilikum
30 g Hartkäse, 40 % Fett i. Tr.

Zubereitungszeit
ca. 15 Minuten
Garzeit
ca. 25–30 Minuten

Eine Portion enthält
336 kcal/1406 kJ
14 g Eiweiß
12 g Fett
41 g Kohlenhydrate
7 g Ballaststoffe

Zubereitung

1| Nudeln nach Packungsanweisung (ca. 8 Minuten) im Salzwasser garen. Etwas Nudelwasser (ca. 50 ml) zur Seite stellen.

2| Gemüse waschen, trocknen und putzen. Karotte schälen, Sellerie entfädeln und alles in kleine Stücke schneiden. Den Backofen auf 180 °C (Ober- und Unterhitze) vorheizen.

3| Öl erhitzen und die Gemüsewürfel kurz andünsten, Tomatenmark zugeben und kurz mitgaren, mild salzen, pfeffern und mit den Kräutern abschmecken. Nudelwasser zugeben und die abgetropften Nudeln unter die Gemüsewürfel mengen und ggf. nochmals würzen.

4| Käse reiben, Gemüsenudeln in eine feuerfeste Auflaufform geben, Käse darüber verteilen und im heißen Ofen ca. 15 Minuten überbacken.

Tipp
Genießen Sie zu den Gemüsenudeln eine fruchtige Tomatensauce und einen knackigen Blattsalat.

Pastinakenplätzchen

Ein „altes" Gemüse in neuer Form

Zutaten für 2 Portionen

1 große Pastinake (ca. 300 g)
1 mittelgroße Karotte
2 mittelgroße Kartoffeln
1–2 Stängel Petersilie
1 Ei
2 EL Weizenvollkornmehl
Salz, Pfeffer
1 Messerspitze
   Korianderpulver
1 Messerspitze
   Fenchelsamenpulver
1 EL Sonnenblumenöl

Zubereitungszeit
ca. 15–20 Minuten
Garzeit
ca. 10 Minuten

Eine Portion enthält
272 kcal/1137 kJ
10 g Eiweiß
12 g Fett
30 g Kohlenhydrate
11 g Ballaststoffe

Zubereitung

1| Pastinake, Karotte und Kartoffeln waschen, putzen, schälen und auf einer Gemüsereibe grob raspeln. Petersilie waschen, Blättchen abzupfen und fein hacken.

2| Die restlichen Zutaten – nur nicht das Öl – zu dieser Mischung geben und alles gut vermengen. Es soll ein gut formbarer, nicht zu fester Teig entstehen. Je nachdem, ob der Teig zu fest oder zu weich ist, noch etwas Wasser oder Mehl zufügen. Aus dem Teig mit angefeuchteten Händen Plätzchen formen.

3| Das Öl in einer beschichteten Pfanne erhitzen und die Pastinakenplätzchen darin bei schwacher Hitze von jeder Seite ca. 4 Minuten leicht goldbraun andünsten.

Tipp
Rohes Gemüse wird verträglicher, wenn Sie es drei bis fünf Minuten in kochendem Salzwasser blanchieren.

Gratinierter Spargel mit Schinken

Leckeres, figurfreundliches Spargelgericht

Zutaten für 2 Portionen

500 g weißer Spargel
1 l Gemüsebrühe
4 Scheiben gekochter
   Schinken
½ TL Rapsöl
2 Scheiben Emmentaler,
   30 % Fett i. Tr.
2 EL Paniermehl

Zubereitungszeit
15 Minuten
Garzeit
ca. 35 Minuten

Eine Portion enthält
392 kcal/1639 kJ
10 g Eiweiß
6 g Fett
75 g Kohlenhydrate
7 g Ballaststoffe

Zubereitung

1| Den Backofen auf 200 °C (Ober- und Unter-
   hitze) vorheizen.
2| Den Spargel schälen und in kochender
   Gemüsebrühe bei mittlerer Hitze ca. 15 bis
   20 Minuten garen. 6 Esslöffel der Gemüsebrühe zur Seite stellen. Spargel abtropfen
   lassen, bündeln und mit den Schinkenschei-
   ben umwickeln.
3| Eine feuerfeste Auflaufform mit Öl einfetten
   und die Spargelbündel in die Form legen.
   Emmentaler in kleine Quadrate schneiden.
   6 EL Gemüsebrühe angießen und Paniermehl und Emmentaler über die Spargelbündel streuen.
4| Im heißen Ofen ca. 10 bis 15 Minuten über-
   backen.

Sellerie-Kartoffel-Püree

Einfach lecker

Zutaten für 2 Portionen

1 Stück Sellerie (ca. 300 g)
4 mittelgroße Kartoffeln
200 ml Gemüsebrühe
150 ml Milch, 1,5 % Fett
Salz, Pfeffer
Muskatnuss
20 g Halbfettbutter
1 EL gehackte Petersilie

Zubereitungszeit
ca. 15 Minuten
Garzeit
ca. 20 Minuten

Eine Portion enthält
232 kcal/968 kJ
9 g Eiweiß
6 g Fett
34 g Kohlenhydrate
10 g Ballaststoffe

Zubereitung

1| Sellerie und Kartoffeln waschen, schälen und grob würfeln und in einen Topf geben. Die Gemüsebrühe zugeben und ca. 20 Minuten bei niedriger Hitze köcheln lassen.

2| Am Ende der Garzeit die Brühe abgießen. Die Gemüsewürfel, die Milch, die Gewürze und die Butter in eine Schüssel geben und mit dem Pürierstab cremig mixen.

3| Die Petersilie unter das Püree rühren und servieren.

Tipp

Wer die Kartoffeln lieber mit dem Handrührgerät oder der Kartoffelpresse zerkleinern möchte, erhält eine stückigere Variante. Probieren Sie unterschiedliche Gemüsesorten für das Püree aus. Im Sommer schmecken frische Zucchini sehr lecker. Streuen Sie über das fertige Püree dann frischen Zitronenthymian.

Überbackener Fenchel

Eine pikante Vitaminbombe

Zutaten für 2 Portionen

3 mittlere Fenchelknollen
  (ca. 400 g)
Salz, Pfeffer
1 EL Zitronensaft
1 EL Olivenöl
2 Zweige Zitronenthymian
etwas Gemüsebrühe
1 Ziegenkäsetaler (à ca. 35 g)
1 EL Ahornsirup

Zubereitungszeit
15 Minuten
Garzeit
ca. 23 Minuten

Eine Portion enthält
187 kcal/783 kJ
7 g Eiweiß
11 g Fett
14 g Kohlenhydrate
8 g Ballaststoffe

Zubereitung

1| Die Fenchelknollen waschen, halbieren, den Strunk herausschneiden und den Fenchel in schmale Scheiben schneiden. Fenchel mit Salz, Pfeffer, Zitronensaft und Öl vermengen und kurz marinieren. Den Backofen auf 200 °C (Ober- und Unterhitze) vorheizen.

2| Den Zitronenthymian waschen, trocknen, die Blättchen abzupfen und zum Fenchel geben.

3| Den vorbereiteten Fenchel und die Gemüsebrühe in eine feuerfeste Auflaufform geben, im heißen Ofen ca. 20 Minuten garen. Den Ziegenkäsetaler in kleine Stücke schneiden und auf dem Fenchel verteilen. Den Ahornsirup über den Käse träufeln. Die Temperatur auf 240 °C hochdrehen und für weitere 2 bis 3 Minuten überbacken.

Tipp

Durch den Zitronensaft behält das Gemüse seine Farbe. Sollten Sie jedoch auch kleinste Mengen nicht vertragen, können Sie ihn einfach weglassen.

Wintergemüse aus dem Ofen

Regional und saisonal

Zutaten für 2 Portionen

1 Pastinake (ca. 250 g)
1 Petersilienwurzel
  (ca. 150 g)
2 Karotten
1 EL Olivenöl
Salz, Pfeffer
½ TL brauner Zucker
2 Zweige Majoran

Zubereitungszeit
15 Minuten
Garzeit
ca. 23 Minuten

Eine Portion enthält
146 kcal/610 kJ
4 g Eiweiß
9 g Fett
12 g Kohlenhydrate
12 g Ballaststoffe

Zubereitung

1| Den Backofen auf 200 °C (Ober- und Unter-hitze) vorheizen. Gemüse waschen, putzen, schälen und in schmale Stifte schneiden.

2| Öl, Salz, Pfeffer und Zucker zu einer Mari-nade verrühren und die vorbereiteten Gemüsestifte damit vermengen. Die Majo-ranzweige waschen, trocknen und zum Gemüse geben.

3| Gemüse in eine feuerfeste Auflaufform geben und im heißen Ofen ca. 20 bis 30 Minuten garen.

Mangoldgemüse

Gelingt leicht

Zutaten für 2 Portionen

500 g Mangold
Salz
1 TL Butter
1 TL Weizenmehl, Typ 405
50 ml Milch, 1,5 % Fett
Pfeffer
Muskatnuss
einige Spritzer Zitronensaft
1 TL abgeriebene Schale
   einer Biozitrone

Zubereitungszeit
10 Minuten
Garzeit
ca. 10 Minuten

Eine Portion enthält
84 kcal/352 kJ
7 g Eiweiß
4 g Fett
5 g Kohlenhydrate
7 g Ballaststoffe

Hinweis
Durch den Zitronensaft behält
das Gemüse seine Farbe. Sollten
Sie jedoch auch kleinste Mengen nicht vertragen, können Sie
ihn einfach weglassen.

Zubereitung

1| Mangold waschen, Blätter putzen, die Stiele
in ca. 1 cm große Stücke schneiden, die
Blätter in schmale Streifen schneiden. In
einem großen Topf reichlich Salzwasser zum
Kochen bringen. Mangoldstiele 3 Minuten
in dem kochenden Wasser garen. Blätter
zugeben und weitere 2 Minuten mitgaren.
100 ml Mangoldsud zur Seite stellen,
Mangold abgießen und gut abtropfen lassen.

2| Butter in einem kleinen Topf schmelzen
lassen, Mehl zugeben und mit einem
Schneebesen verrühren. Mangoldsud nach
und nach zugießen und unter kräftigem
Rühren 5 Minuten sprudelnd kochen lassen.
Die Milch zugeben und nochmals kurz auf-
wallen lassen, mit den Gewürzen, dem
Zitronensaft und der Zitronenschale mild
abschmecken.

3| Den gegarten Mangold mit der Sauce ver-
mengen und nochmals abschmecken.

Karotten-Sellerie-Gemüse

Preiswert

Zutaten für 2 Portionen

1 große Karotte
1 Stück Knollensellerie
  (ca. 250 g)
1 EL Rapsöl
Salz, Pfeffer, Zucker
50 ml Gemüsebrühe
2 Stängel Selleriegrün

Zubereitungszeit
10 Minuten
Garzeit
ca. 15 Minuten

Eine Portion enthält
134 kcal/559 kJ
4 g Eiweiß
9 g Fett
10 g Kohlenhydrate
10 g Ballaststoffe

Zubereitung

1| Karotte und Sellerie waschen, schälen und in ca. 1,5 cm große Würfel schneiden.

2| Öl erhitzen, Gemüsewürfel unter Rühren einige Minuten andünsten. Mit Salz, Pfeffer und 1 Prise Zucker mild würzen und mit der Brühe ablöschen. Gemüse in ca. 10 bis 15 Minuten weich kochen.

3| Das Selleriegrün waschen, trocknen, die Blättchen abzupfen und fein hacken. Unter das Gemüse mengen und ggf. nochmals würzen.

Snacks und Vorspeisen

Gefüllte Putenröllchen

Schnelle Vorspeise, wenn Gäste kommen

Zutaten für 2 Portionen

2 Karotten
1 EL Rapsöl
Salz, Pfeffer
2 geh. EL Magerquark
1 TL gehackte Petersilie
4 Scheiben Putenbrust

Zubereitungszeit
20 Minuten
Garzeit
ca. 8 Minuten

Eine Portion enthält
233 kcal/974 kJ
20 g Eiweiß
14 g Fett
6 g Kohlenhydrate
4 g Ballaststoffe

Zubereitung

1| Die Karotten waschen, putzen, schälen und in schmale Streifen schneiden. Öl in einem kleinen Topf erhitzen und die Karottenstreifen darin andünsten, etwas Wasser zugießen und mit Salz und Pfeffer mild würzen. Etwa 5 bis 8 Minuten garen, das Gemüse sollte noch etwas „Biss" haben.

2| Quark und etwas Wasser mit einem Schneebesen glatt rühren und mit Petersilie und Salz abschmecken.

3| Putenbrustscheiben mit etwas abgekühlten Karottenstreifen füllen, Quark darauf verteilen und zusammengerollt servieren.

Chicoréeschiffchen
mit Ziegenfrischkäse

Für heiße Tage

Zutaten für 2 Portionen

1 kleinen Chicorée
1 Stück Zucchini (ca. 50 g)
2 Stängel Kerbel
3 geh. EL Ziegenfrischkäse,
  fettreduziert
1–2 TL Milch
Salz, Pfeffer

Zubereitungszeit
10 Minuten

Eine Portion enthält
145 kcal/604 kJ
8 g Eiweiß
11 g Fett
4 g Kohlenhydrate
1 g Ballaststoffe

Zubereitung

1| Den Chicorée waschen, halbieren, den Strunk entfernen und die Blätter einzeln ablösen.
2| Die Zucchini waschen, putzen und auf einem Gemüsehobel fein raspeln. Die Kerbel waschen, trocknen und die Blättchen abzupfen und fein hacken.
3| Frischkäse mit Milch glatt rühren, Kerbel und Zucchiniraspel untermengen und mit Salz und Pfeffer mild würzen. Frischkäse in die Chicoréeblätter verteilen und sofort servieren.

Fruchtiger Schinken-Käse-Toast

Abgewandelter Hawaiitoast, unbedingt probieren!

Zutaten für 2 Portionen

3 Pfirsichhälften (Dose)
2 Scheiben Sandwichtoast
1 TL Halbfettbutter
2 Scheiben gekochter
  Schinken
2 Scheiben Emmentaler,
  40 % Fett i. Tr.

Zubereitungszeit
5 Minuten
Garzeit
ca. 10 Minuten

Eine Portion enthält
353 kcal/1474 kJ
22 g Eiweiß
14 g Fett
33 g Kohlenhydrate
3 g Ballaststoffe

Zubereitung

1| Den Backofen auf 200 °C (Ober- und Unterhitze) vorheizen.

2| Die Pfirsichhälften abtropfen lassen und danach in schmale Scheiben schneiden. Die Toastscheiben toasten, dünn mit Butter bestreichen. Die Schinkenscheiben auf die Brote legen.

3| Pfirsichscheiben auf den Schinkentoasts verteilen und mit dem Käse belegen. Etwa 10 Minuten überbacken, bis der Käse geschmolzen ist.

Tipp
Wer möchte, kann mit fettarmen Käsesorten experimentieren. Probieren Sie doch einmal einen Ziegencamembert anstelle des normalen Schnittkäses aus.

Gefüllte Mozzarellatomaten

Ideal für Gäste

Zutaten für 2 Portionen

6 kleine Tomaten
Salz, Pfeffer
1 Pck. Mozzarella,
  fettreduziert
2 EL Mozzarellasud
2 Stängel Zitronenbasilikum
1 EL Olivenöl
1 EL Balsamicoessig

Zubereitungszeit
ca. 20 Minuten

Eine Portion enthält
243 kcal/1017 kJ
13 g Eiweiß
20 g Fett
3 g Kohlenhydrate
1 g Ballaststoffe

Zubereitung

1| Tomaten waschen, trocknen, einen Deckel abschneiden und den Rest aushöhlen. Das Tomateninnere mit Salz und Pfeffer würzen.

2| Den Mozzarella abtropfen lassen, dabei 2 Esslöffel der Flüssigkeit auffangen. Den Mozzarella in kleine Würfel schneiden. Die Basilikumblätter abzupfen, waschen, trocknen, in feine Streifen schneiden und mit den Mozzarellawürfeln vermengen.

3| Die Flüssigkeit vom Mozzarella mit Öl und Essig verrühren und mit Salz und Pfeffer mild würzen. Die Marinade über die vorbereiteten Mozzarellawürfel gießen und einige Minuten ziehen lassen. Die Füllung in die vorbereiteten Tomaten füllen, den Deckel auflegen und gleich servieren.

Tipp

Basilikum ist für seine mildernde Wirkung bei Blähungen und Krämpfen bekannt. Wenn Sie kein Zitronenbasilikum bekommen, nehmen Sie das normale Basilikum.

Kräuter-Crostini

Ideal wenn Gäste kommen

Zutaten für 2 Portionen

1 Stück Baguette (ca. 60 g)
1 TL Olivenöl
2 Handvoll gemischte
   Kräuter z. B. Petersilie,
   Kerbel, Basilikum, Thymian
2 EL Frischkäse, fettreduziert
1–2 TL Milch, 1,5 % Fett
Salz, Pfeffer

Zubereitungszeit
10 Minuten
Garzeit
8–10 Minuten

Eine Portion enthält
166 kcal/694 kJ
7 g Eiweiß
8 g Fett
17 g Kohlenhydrate
1 g Ballaststoffe

Zubereitung

1| Backofen auf 220 °C (Ober- und Unterhitze) vorheizen. Brot in 6 Scheiben schneiden und dünn mit dem Öl bestreichen. Im heißen Ofen ca. 8 bis 10 Minuten knusprig aufbacken.

2| Kräuter waschen, trocknen, Blättchen abzupfen und fein hacken. Frischkäse mit Milch glatt rühren, die Kräuter, Salz und Pfeffer unterrühren und den Kräuterfrischkäse auf den knusprigen Baguettescheiben verteilen.

Spargel-Schinken-Rollen

Leckere Vorspeise während der Spargelsaison

Zutaten für 2 Portionen

12 Stangen weißer Spargel
Salz
1 EL Zitronensaft
4 große Scheiben gekochter
  Schinken
1 TL gehackte Petersilie

Zubereitungszeit
ca. 10 Minuten
Garzeit
ca. 30 Minuten

Eine Portion enthält
159 kcal/663 kJ
18 g Eiweiß
7 g Fett
3 g Kohlenhydrate
3 g Ballaststoffe

Zubereitung

1| Spargel schälen und putzen. Reichlich Salzwasser zum Kochen bringen, Zitronensaft und Spargelstangen ins Wasser geben und den Spargel in 20 bis 30 Minuten weich kochen.
2| Spargel gut abtropfen lassen und abkühlen lassen. Je drei Spargelstangen in eine Scheibe gekochten Schinken einrollen und mit gehackter Petersilie bestreut servieren.

Tipp

Durch den Zitronensaft behält das Gemüse seine Farbe. Sollten Sie jedoch auch kleinste Mengen nicht vertragen, können Sie ihn einfach weglassen.

Käse-Rührei mit Tomate

Leichter Snack

Zutaten für 2 Portionen

2 Eier
2 EL Milch, 1,5 % Fett
Salz, Pfeffer
2 EL geriebener Emmentaler,
   30 % Fett i. Tr.
1 TL gehackte Petersilie
1 TL Öl
2 Tomaten
1 Handvoll Basilikumblätter

Zubereitungszeit
10 Minuten
Garzeit
ca. 4 Minuten

Eine Portion enthält
200 kcal/838 kJ
10 g Eiweiß
15 g Fett
3 g Kohlenhydrate
1 g Ballaststoffe

Zubereitung

1| Die Eier in einer kleinen Schüssel mit der Milch kräftig verschlagen. Mit Salz und Pfeffer sanft würzen, Käse und Petersilie zugeben und nochmals gut verrühren.

2| Das Öl in einer kleinen beschichteten Pfanne erhitzen und die Eiermasse zugeben. Bei mittlerer Hitze 3 bis 4 Minuten stocken lassen.

3| In der Zwischenzeit die Tomaten waschen, halbieren, den Strunk herausschneiden. Die Tomaten in schmale Scheiben schneiden, salzen und pfeffern. Basilikumblätter waschen und in schmale Streifen schneiden und über die Tomatenscheiben streuen.

4| Das Käse-Rührei zusammen mit den Tomaten servieren.

Überbackenes Zucchinibrot

Mit vielen Kräutern

Zutaten für 2 Portionen

1 kleine Zucchini (ca. 120 g)
1 TL Olivenöl
2 Scheiben Bauernbrot
½ TL Tomatenmark
Salz, Pfeffer
getrocknete Kräuter,
   z. B. Rosmarin, Thymian,
   Oregano
40 g Parmesan

Zubereitungszeit
20 Minuten
Garzeit
10–12 Minuten

Eine Portion enthält
259 kcal/1083 kJ
11 g Eiweiß
11 g Fett
29 g Kohlenhydrate
4 g Ballaststoffe

Zubereitung

1| Den Grill des Backofens vorheizen. Zucchini waschen, trocknen, putzen und in schmale Scheiben schneiden. Eine kleine Auflaufform mit Olivenöl einfetten und die Zucchinischeiben darin verteilen. 5 bis 10 Minuten grillen.

2| Die Brotscheiben leicht toasten, mit Tomatenmark bestreichen und auf ein Blech legen. Zucchini auf den Toastscheiben verteilen, mit Salz, Pfeffer und Kräutern mild würzen. Den Parmesan grob reiben und die Brote damit bestreuen.

3| Die Zucchinibrote einige Minuten im heißen Ofen überbacken, bis der Käse schmilzt.

Kräuterbrotchips

Knabberspaß, schnell selbstgemacht

Zutaten für 2 Portionen

½ Körnerbaguette (ca. 200 g)
1 EL Olivenöl
½ EL grobes Meersalz
2 Zweige Rosmarin oder
  Thymian

Zubereitungszeit
10 Minuten
Garzeit
20–25 Minuten

Eine Portion enthält
341 kcal/1423 kJ
9 g Eiweiß
12 g Fett
50 g Kohlenhydrate
3 g Ballaststoffe

Zubereitung

1| Den Backofen auf 180 °C (Ober- und Unter-hitze) vorheizen. Baguette mit einem Säge-messer oder einer Brotschneidemaschine in 2 bis 3 mm dünne Scheiben schneiden. Ein Backblech mit Backpapier belegen und die Brotscheiben darauf verteilen. Dünn mit dem Öl bepinseln und im heißen Ofen ca. 20 bis 25 Minuten knusprig backen.

2| Das Salz in einen Mörser geben. Kräuter-zweige waschen, trocknen, Nadeln bzw. Blättchen abzupfen und grob zerkleinern. Zum Salz in den Mörser geben und mit dem Stößel kräftig bearbeiten, bis ein duftendes Kräutersalz entstanden ist.

3| Die heißen Brotchips mit dem Kräutersalz vermischen und gleich genießen.

Roquefortbrötchen

Ideal für unterwegs

Zutaten für 2 Portionen

2 Sesambrötchen
2 EL Roquefort
2 EL Magerquark
1 EL Milch
Salz, Pfeffer
1 Stängel Petersilie

Zubereitungszeit
ca. 10 Minuten

Eine Portion enthält
208 kcal/870 kJ
11 g Eiweiß
8 g Fett
23 g Kohlenhydrate
2 g Ballaststoffe

Zubereitung

1| Die Sesambrötchen halbieren.
2| Den Roquefort in eine kleine Schüssel krümeln. Quark und Milch zugeben und alles glatt rühren. Mit wenig Salz und Pfeffer würzen.
3| Die Petersilie waschen, trocknen, Petersilienblättchen abzupfen und fein hacken.
4| Die Käsemasse auf den unteren Brötchenhälften verteilen und mit Petersilie bestreuen, Deckel darauf legen und gleich servieren.

Tipp
Die Roquefortmasse schmeckt auch lecker als Dip zu frischem Gemüse wie z. B. Karottensticks oder Stangensellerie.

Gefüllte Tomaten mit Kräuterquark

Sehr kalorienarm

Zutaten für 2 Portionen

2 Tomaten
Salz, Pfeffer
4 geh. EL Magerquark
2 EL Naturjoghurt, 1,5 % Fett
2 EL fettarme Buttermilch
oder Milch
2 TL gemischte, frische
Kräuter, z. B. Petersilie und
Dill

Zubereitungszeit
ca. 10 Minuten

Eine Portion enthält
85 kcal/354 kJ
11 g Eiweiß
1 g Fett
7 g Kohlenhydrate
1 g Ballaststoffe

Zubereitung

1| Die Tomaten waschen, trocknen und das obere Drittel als Deckel abschneiden. Tomaten mit einem Esslöffel aushöhlen und das Innere mild salzen und pfeffern.

2| Quark, Joghurt und Buttermilch oder Milch mit einem Schneebesen glatt rühren. Mit Salz, Pfeffer und Kräutern mild würzen. Den Kräuterquark in die Tomaten füllen und den Deckel auflegen.

Roastbeef-Wrap

Ein Hauch von Mexiko

Zutaten für 2 Portionen

2 Weizentortillas
1 EL Naturjoghurt, 1,5 % Fett
1 TL Mango-Chutney (Glas)
Salz, Pfeffer
2 Blätter Eisbergsalat
4 dünne Scheiben Roastbeef

Zubereitungszeit

ca. 10 Minuten

Eine Portion enthält
125 kcal/521 kJ
10 g Eiweiß
2 g Fett
18 g Kohlenhydrate
1 g Ballaststoffe

Zubereitung

1| Die Weizentortillas in der Mikrowelle oder im Ofen erwärmen.

2| Inzwischen den Joghurt und das Mango-Chutney miteinander verrühren und mit Salz und Pfeffer mild würzen.

3| Die Tortillas mit dem Joghurt bestreichen. Die Salatblätter waschen, trocknen und auf die Tortillas legen. Die Roastbeefscheiben darauf verteilen, die Tortillas aufrollen und gleich servieren.

Tomatenmuffins

Herzhafte Muffins

Zutaten für 4 Stück

1 Zweig Rosmarin
2 Zweige Thymian
2 Tomaten
25 g Parmesan
2 EL Olivenöl
4 EL Magerquark
2 EL Milch, 1,5 % Fett
1 kleines Ei
100 g Weizenmehl, Typ 550
1 TL Backpulver
Salz, Pfeffer

Zubereitungszeit
20 Minuten
Backzeit
ca. 25 Minuten

Eine Portion enthält
207 kcal/865 kJ
9 g Eiweiß
10 g Fett
20 g Kohlenhydrate
1 g Ballaststoffe

Zubereitung

1| Die Kräuter waschen, trocknen und Nadeln bzw. Blättchen von den Stielen zupfen. Beides fein hacken. Die Tomaten waschen, trocknen, halbieren, Strunk entfernen und Tomatenhälften in Würfel schneiden. Parmesan fein reiben.

2| Öl, Quark, Milch und Ei verrühren. Mehl und Backpulver mischen und mit den Kräutern und dem Salz und Pfeffer kurz unter den Teig rühren.

3| Backofen auf 200 °C (Ober- und Unterhitze) vorheizen. 4 Papierförmchen in ein Muffinblech oder in 4 backfeste Formen (oder Tassen) setzen und auf ein Backblech stellen.

4| Die Hälfte des Teigs in die Formen geben, den Parmesan und die Hälfte der Tomatenwürfel darauf verteilen und den restlichen Teig gleichmäßig darübergeben. Übrige Tomatenwürfel auf dem Teig verteilen und im Ofen ca. 25 Minuten backen.

Tipp
Die Muffins schmecken lauwarm oder auf einem kaltem Buffet bzw. beim Picknick.

Käse-Gemüse-Kuchen

Nicht nur für Gäste

Zutaten für 12 Stück

Für den Belag
2 mittelgroße Zucchini
(ca. 500 g)
2 mittelgroße Karotten
125 g Gorgonzola
200 g saure Sahne
4 Eier
Salz, Pfeffer
1–2 EL gehackte Petersilie

Für den Teig
250 g Magerquark
80 ml Rapsöl
150 ml Milch, 1,5 % Fett
400 g Weizenmehl, Typ 550
2 TL Backpulver

Zubereitungszeit
30 Minuten
Backzeit
ca. 35 Minuten

Eine Portion enthält
181 kcal/758 kJ
8 g Eiweiß
9 g Fett
17 g Kohlenhydrate
2 g Ballaststoffe

Zubereitung

1| Die Zucchini und Karotten waschen, putzen, Karotten schälen. Beides auf einer Gemüsereibe grob reiben.

2| Gorgonzola in kleine Stücke schneiden, in ein hohes Gefäß geben, saure Sahne, 2 Eier, Salz, Pfeffer und Petersilie mit einem Pürierstab glatt mixen.

3| Eine runde Backform mit etwas Öl einfetten und den Backofen auf 190 °C (Ober- und Unterhitze) vorheizen.

4| Quark, Öl, Salz, 2 Eier und Milch in eine Schüssel geben und verrühren. Mehl und Backpulver darüber sieben und zu einem geschmeidigen Teig verarbeiten. Teig in die Backform geben, einen kleinen Rand hocharbeiten. Das Gemüse und die Eier-Käse-Masse darüber gießen und im heißen Ofen ca. 35 Minuten backen.

Käse-Scones

Schnell und köstlich

Zutaten für 15 Stück

250 g Weizenmehl, Typ 550
1 Pck. Backpulver
80 g Butter
100 ml Milch, 1,5 % Fett
Salz
150 g Edamer, 30 % Fett i. Tr.

Zubereitungszeit
15 Minuten
Backzeit
ca. 15 Minuten

Ein Scone enthält
125 kcal/523 kJ
5 g Eiweiß
6 g Fett
13 g Kohlenhydrate
1 g Ballaststoffe

Zubereitung

1| Mehl mit Backpulver mischen, Butter in Stückchen zugeben. Von der Milch 2 Esslöffel abnehmen und den Rest mit Salz zum Teig geben und schnell zu einem Teig kneten. Käse reiben und unterkneten.

2| Den Backofen auf 200 °C (Ober- und Unterhitze) vorheizen.

3| Den Teig auf einer bemehlten Arbeitsfläche 2 cm dick ausrollen. Mit einem runden Ausstecher (4 cm Durchmesser) Scones ausstechen.

4| Ein Backblech mit Backpapier auslegen, Scones daraufsetzen und mit Milch bestreichen. Im Ofen ca. 15 Minuten backen. Scones schmecken lauwarm besonders lecker.

Strammer Max

Gruß aus Bayern

Zutaten für 2 Portionen

2 Scheiben Roggenbrot
   (à 60 g)
1 TL Halbfettbutter
2 Scheiben gekochter
   Schinken
1 TL Rapsöl
2 Eier
Salz, Pfeffer

Zubereitungszeit
5 Minuten
Garzeit
ca. 5 Minuten

Eine Portion enthält
326 kcal/1363 kJ
20 g Eiweiß
15 g Fett
27 g Kohlenhydrate
2 g Ballaststoffe

Zubereitung

1| Brotscheiben dünn mit Butter bestreichen. Schinkenscheiben auf die Brote legen.

2| Öl in einer kleinen, beschichteten Pfanne leicht erhitzen und die Eier zu zwei Spiegeleiern sanft braten. Leicht salzen, pfeffern und auf die beiden Schinkenbrote legen. Sofort servieren.

Süße
Versuchungen

Rhabarberquark
mit Amarettini-Streuseln

Sauer trifft süß

Zutaten für 2 Portionen

130 g Rhabarber
4 EL Apfelsaft
2 geh. TL Zucker
250 g Magerquark
2 EL Milch
2 TL Vanillezucker
4 Amarettini

Zubereitungszeit
ca. 15 Minuten
Garzeit
ca. 3 Minuten

Eine Portion enthält
172 kcal/719 kJ
18 g Eiweiß
2 g Fett
19 g Kohlenhydrate
1 g Ballaststoffe

Zubereitung

1| Den Rhabarber waschen, putzen, schälen und in 1 bis 2 cm lange Stücke schneiden. Rhabarber, Apfelsaft und Zucker in einem kleinen Topf erhitzen, aufkochen und 2 bis 3 Minuten köcheln, danach abkühlen lassen.

2| Den Quark mit der Milch glatt rühren und mit Vanillezucker süßen. Amarettini zerbröseln. Quark und Rhabarber abwechselnd in zwei Dessertgläser schichten und die Amarettini-Streusel darauf verteilen.

Tipp
Amarettini sind kleine italienische Mandelmakronen und eine ideale Ergänzung zu dem säuerlichen Rhabarber.

Quark-Mango-Dessert mit Haferflocken

Auch lecker als Frühstück

Zutaten für 2 Portionen

2 EL Haferflocken
1 Mango (ca. 450 g)
3 EL Naturjoghurt, 1,5 % Fett
5 EL Magerquark
1 TL flüssiger Honig

Zubereitungszeit
ca. 15 Minuten
Kühlzeit
mind. 2 Stunden

Eine Portion enthält
107 kcal/451 kJ
7 g Eiweiß
1 g Fett
3 g Kohlenhydrate
2 g Ballaststoffe

Zubereitung

1| Die Haferflocken in einer beschichteten Pfanne ohne Fett anrösten.

2| Die Mango schälen, Fruchtfleisch vom Kern lösen und in 1 cm große Würfel schneiden.

3| Den Joghurt mit Quark, 1,5 EL Haferflocken und Honig verrühren.

4| Die Mangowürfel abwechselnd mit der Quarkmischung in 2 Gläser schichten und die restlichen Haferflocken darüberstreuen.

Bananeneis

Gelingt leicht

Zutaten für 2 Portionen

2 reife Bananen
100 ml Buttermilch
50 ml milder Orangensaft

Zubereitungszeit
ca. 30 Minuten
Gefrierzeit
mind. 3 Stunden

Eine Portion enthält
148 kcal/619 kJ
3 g Eiweiß
1 g Fett
31 g Kohlenhydrate
3 g Ballaststoffe

Zubereitung

1| Zwei große flache Teller mit Klarsichtfolie bespannen. Die Bananen schälen, in etwa 0,5 cm dicke Scheiben schneiden, nebeneinander auf die Teller legen, mit Folie abdecken und mindestens 3 Stunden einfrieren.

2| Die gefrorenen Bananenstücke von der Folie ablösen und in ein hohes Gefäß geben. Mit Buttermilch und Orangensaft pürieren, bis eine glatte Eismasse entsteht. Sofort mit einem Löffel Kugeln abstechen und das Eis servieren.

Tipp
Sollten Sie Orangensaft nicht vertragen, können Sie stattdessen einen milden Apfelsaft verwenden.

Melonen-Granita

Für heiße Tage

Zutaten für 2 Portionen

1 EL Zucker
500 g Wassermelone
2 Stiele Zitronenmelisse

Zubereitungszeit
ca. 15 Minuten
Garzeit
3–4 Minuten
Gefrierzeit
ca. 5 Stunden

Eine Portion enthält
152 kcal/637 kJ
2 g Eiweiß
1 g Fett
34 g Kohlenhydrate
1 g Ballaststoffe

Zubereitung

1| Zucker mit 60 ml Wasser aufkochen und 3 bis 4 Minuten köcheln lassen, dabei gelegentlich umrühren. Beiseite stellen und etwas abkühlen lassen.

2| Wassermelone schälen, die Kerne entfernen und das Fruchtfleisch in grobe Stücke schneiden. Zitronenmelisse waschen, trocknen, die Blätter abzupfen und in feine Streifen schneiden.

3| Die Melone mit dem Zuckerwasser in ein hohes Gefäß geben und mit dem Pürierstab fein pürieren. Melissenstreifen unter das Püree mischen, alles in eine flache Auflaufform füllen, abdecken und in die Gefriertruhe stellen.

4| Nach 1 Stunde mit einer Gabel durchrühren, dabei Gefrorenes vom Boden und den Seiten abkratzen. Dies nach jeder weiteren Stunde wiederholen. Vor dem Servieren nochmals mit der Gabel auflockern und in gekühlten Gläsern anrichten.

Erdbeer-Joghurt-Eis

Mit sonnengereiften Erdbeeren unschlagbar

Zutaten für 2 Portionen

150 g Erdbeeren
200 g Naturjoghurt,
   1,5 % Fett
1 EL Puderzucker

Zubereitungszeit
ca. 15 Minuten
Gefrierzeit
mind. 8 Stunden

Eine Portion enthält
103 kcal/429 kJ
4 g Eiweiß
2 g Fett
16 g Kohlenhydrate
2 g Ballaststoffe

Zubereitung

1| Erdbeeren waschen, putzen, vierteln und im Gefrierbeutel flach liegend über Nacht einfrieren.

2| Joghurt, Puderzucker und die gefrorenen Erdbeeren mit einem Pürierstab oder einer Küchenmaschine cremig mixen. Das Eis in Dessertschalen füllen und ca. 15 Minuten im Gefrierschrank kühlen.

Tipp
Statt Erdbeeren können Sie auch jedes andere Obst, das Ihnen schmeckt und bekommt, für dieses Rezept nutzen.

Joghurt-Creme mit feinen Beeren

Gut vorzubereiten

Zutaten für 2 Portionen

3 Blatt weiße Gelatine
200 g Naturjoghurt,
   1,5 % Fett
2 EL Zucker
300 g Erdbeeren
1 EL Vanillezucker

Zubereitungszeit
ca. 10 Minuten
Einweichzeit
10 Minuten
Kühlzeit
2–3 Stunden

Eine Portion enthält
198 kcal/829 kJ
6 g Eiweiß
2 g Fett
36 g Kohlenhydrate
3 g Ballaststoffe

Zubereitung

1| Die Gelatine in kaltem Wasser ca. 10 Minuten einweichen.

2| Joghurt mit Zucker verrühren. Die Erdbeeren vorsichtig waschen, putzen, vierteln – je nach Größe der Erdbeeren auch noch kleiner schneiden – und mit Vanillezucker vermengen.

3| Die Gelatine ausdrücken und im heißen Wasserbad auflösen. Etwas von der Joghurtmasse in die flüssige Gelatine rühren, dann die Gelatine unter ständigem Rühren in die restliche Joghurtmasse einrühren. Die Mousse in zwei Förmchen füllen und für 2 bis 3 Stunden in den Kühlschrank stellen, bis sie fest ist.

4| Die Mousse mit den Erdbeeren servieren.

Apfel-Buttermilch-Dessert

Winterlich-aromatisch

Zutaten für 2 Portionen

3 Blatt weiße Gelatine
100 ml Apfelsaft
1 kleiner Sternanis
1 kleine Zimtstange
1 TL Zitronensaft
200 ml Buttermilch
1 EL Puderzucker
100 g Magerquark

Zubereitungszeit
ca. 10 Minuten
Einweichzeit
10 Minuten
Kühlzeit
9 Stunden

Eine Portion enthält
135 kcal/564 kJ
11 g Eiweiß
1 g Fett
19 g Kohlenhydrate
0 g Ballaststoffe

Zubereitung

1| Die Gelatine in kaltem Wasser ca. 10 Minuten einweichen.

2| Apfelsaft, Sternanis, Zimtstange und Zitronensaft aufkochen und bei starker Hitze auf ca. 25 ml einkochen lassen. Durch ein feines Sieb in eine Schüssel gießen und die ausgedrückte Gelatine in der heißen Flüssigkeit auflösen. Mit Buttermilch und Puderzucker verrühren und ca. 1 Stunde kühl stellen, bis die Masse zu gelieren beginnt.

3| Wenn die Masse fest wird, den Quark unterrühren und in zwei kleine Schälchen füllen. Über Nacht im Kühlschrank fest werden lassen.

Tipp
Sollten Sie Zitrusfrüchte nicht vertragen, können Sie stattdessen einen milden Apfelsaft verwenden.

Aprikosen-Käsekuchen vom Blech

Fruchtiger Genuss

Zutaten für ca. 20 Stück

Für den Belag
1 große Dose Aprikosen
  (ca. 850 g)
125 g Butter
120 g Zucker
1 Pck. Vanillepuddingpulver
850 g Magerquark
4 Eier

Für den Teig
150 g Magerquark
90 ml Sonnenblumenöl
3 EL Milch, 1,5 % Fett
1 Ei
300 g Weizenmehl, Typ 550
1 Pck. Backpulver
Salz
30 g Zucker

Zubereitungszeit
ca. 40 Minuten
Backzeit
ca. 40 Minuten

Ein Stück enthält
271 kcal/1133 kJ
11 g Eiweiß
12 g Fett
30 g Kohlenhydrate
2 g Ballaststoffe

Zubereitung

1| Den Backofen auf 180 °C (Ober- und Unterhitze) vorheizen.

2| Für den Belag die Aprikosen abtropfen lassen und in schmale Spalten schneiden. Die Butter mit den Quirlen des Handrührgerätes schaumig schlagen, Zucker zugeben und kurz unterrühren. Puddingpulver, Quark und Eier zugeben und zu einer glatten Masse verrühren.

3| Für den Teig Quark, Öl, Milch, Ei mit den Knethacken des Handrührgerätes verrühren. Mehl, Backpulver, Salz und Zucker vermischen und unter die vorbereitete Quarkmasse rühren. Mit den Händen zu einem glatten Teig verarbeiten.

3| Ein Backblech mit Backpapier auslegen. Den Teig auf einer bemehlten Arbeitsfläche ca. 40 x 30 cm ausrollen und auf das Backblech geben. Teig mit den Händen bis in die Ecken des Backbleches drücken und die Aprikosenspalten darauf verteilen. Die Quarkmasse darüber verteilen und im heißen Ofen ca. 40 Minuten goldgelb backen.

Kartoffelwaffeln mit Apfelkompott

Ein Mittagessen für Süßmäulchen

Zutaten für 2 Portionen

Für das Apfelkompott
2 milde Äpfel, z. B. Golden
 Delicious
1 EL Zucker
1 TL Zimt
100 ml Apfelsaft

Für die Kartoffelwaffeln
400 g Kartoffeln
1 Ei
2 EL Mehl, Typ 550
2 EL Haferflocken
Salz
1 TL Rapsöl

Zubereitungszeit
20 Minuten
Garzeit
ca. 20 Minuten

Eine Portion enthält
444 kcal/1857 kJ
13 g Eiweiß
9 g Fett
77 g Kohlenhydrate
8 g Ballaststoffe

Zubereitung

1| Für das Apfelkompott die Äpfel waschen, schälen, vierteln und das Kerngehäuse herausschneiden. Äpfel in grobe Würfel schneiden und zusammen mit Zucker, Zimt und Apfelsaft in einen kleinen Topf geben. Auf mittlerer Stufe zum Köcheln bringen und 5 bis 8 Minuten köcheln lassen, bis die Äpfel zerfallen sind.

2| Für die Waffeln die Kartoffeln schälen, waschen und in der Küchenmaschine fein reiben (oder auf einer feinen Küchenreibe). Die Kartoffelmasse mit Ei, Mehl und Haferflocken vermengen und mit Salz würzen.

3| Ein Waffeleisen erhitzen und leicht mit Öl einpinseln. Aus dem Teig nacheinander 3 bis 4 Waffeln backen und mit dem Apfelkompott servieren.

Apfel-Zimt-Schnecken

Schmeckt der ganzen Familie

Zutaten für 12 Stück

Für den Hefeteig
500 g Weizenmehl, Typ 550
1 Würfel Hefe
100 g Zucker
180–200 ml lauwarme
    Milch, 1,5 % Fett
1 Eiweiß
1 Prise Salz
1 Prise Zimt
2 EL Magerquark

Für die Füllung
50 g flüssige Halbfettbutter
50 g Zucker
1 EL Zimt
1 großer Apfel

Zum Bepinseln
etwas Milch

Zubereitungszeit
ca. 45 Minuten
Gehzeit
80 Minuten
Garzeit
ca. 20 Minuten

Eine Schnecke enthält
255 kcal/1064 kJ
7 g Eiweiß
4 g Fett
46 g Kohlenhydrate
2 g Ballaststoffe

Zubereitung

1| Mehl in eine große Schüssel geben und in der Mitte eine Mulde formen. Hefe hineinbröckeln und 1 Esslöffel Zucker darüberstreuen. Lauwarme Milch zugeben und mit einer Gabel verrühren, bis die Hefe sich aufgelöst hat. Den Vorteig an einem warmen Ort ca. 20 Minuten gehen lassen.

2| Restlichen Zucker, Eiweiß, Salz, Zimt und Quark zugeben und mit den Knethaken des Handrührgeräts zu einem homogenen Teig verarbeiten. Den Teig abgedeckt an einem warmen Ort 1 Stunde gehen lassen, bis er sein Volumen verdoppelt hat.

3| Den Teig auf einer bemehlten Arbeitsfläche zu einem Rechteck von ca. 30 x 40 cm mit einem Nudelholz ausrollen. Backofen auf 160 °C (Ober- und Unterhitze) vorheizen.

4| Für die Füllung Butter, Zucker und Zimt in einer Schüssel verrühren. Die Masse auf dem Teig verteilen. Den Apfel waschen, schälen und mit einem Sparschäler dünne Streifen abschälen. Apfelstreifen auf dem Teig verteilen und von der breiten Seite her aufrollen. Zum Verschließen der Rolle die Ränder mit etwas Wasser bepinseln, so bleibt die Rolle gut verschlossen und lässt sich besser schneiden.

5| Mit einem geriffeltem Messer 3 cm breite Scheiben abschneiden und auf ein mit Backpapier ausgelegtes Blech legen. Etwas Abstand lassen zwischen den Schnecken, weil sie beim Backen noch etwas aufgehen. Die Schnecken mit Milch bepinseln und im heißen Ofen ca. 20 Minuten backen.

Rosinenschnecken

Braucht etwas mehr Zeit

Zutaten für ca. 12 Stück

75 g Rosinen
200 ml + 1 EL Milch,
   1,5 % Fett
175 g Zucker
1 Würfel frische Hefe
500 g Weizenmehl, Typ 550
125 g weiche Butter
Salz
2 EL Zimt
1 Eigelb

Zubereitungszeit
40 Minuten
Gehzeit
1 Stunde 20 Minuten
Backzeit
10–15 Minuten

Ein Brötchen enthält
323 kcal/1348 kJ
7 g Eiweiß
10 g Fett
51 g Kohlenhydrate
2 g Ballaststoffe

Tipp
Sollten Sie Hefe nicht vertragen, versuchen Sie es alternativ mit einem Päckchen Backpulver. So sparen Sie sich auch die Gehzeit.

Zubereitung

1| Die Rosinen heiß waschen und abtropfen lassen.

2| 100 ml Milch und 2 EL (ca. 25 g) Zucker erwärmen, die Hefe hineinbröckeln und unter Rühren auflösen. Das Mehl in eine Schüssel geben, in die Mitte eine Mulde drücken. Die Hefemilch hineingießen, mit etwas Mehl vom Rand zu einem Vorteig verrühren. Zugedeckt an einem warmen Ort ca. 20 Minuten gehen lassen.

3| 100 ml Milch erwärmen mit 75 g Butter, 75 g Zucker und 1 Prise Salz zum Vorteig geben. Mit den Knethaken des Handrührgeräts zu einem glatten Teig verarbeiten. Zugedeckt ca. 40 Minuten gehen lassen.

4| 75 g Zucker und Zimt mischen. Teig auf einer bemehlten Arbeitsfläche zu einem Rechteck (ca. 35 x 50 cm) ausrollen, mit 50 g flüssiger Butter bestreichen und gleichmäßig mit Zimtzucker bestreuen.

5| Den Backofen auf 200 °C (Ober- und Unterhitze) vorheizen.

6| Die Rosinen auf dem Teig verteilen. Teigplatte von der Längsseite her aufrollen, die Nahtseite nach unten legen und die Rolle in 3 bis 4 cm breite Scheiben schneiden.

7| Auf ein mit Backpapier belegtes Blech setzen und nochmals ca. 20 Minuten gehen lassen. Das Eigelb mit 1 EL Milch verquirlen und die Brötchen damit bestreichen. Brötchen im heißen Ofen 10 bis 15 Minuten backen, vor dem Verzehr abkühlen lassen.

Rezeptregister

Wichtige Adressen

Deutsche Gesellschaft für Ernährung (DGE) e. V.
Godesberger Allee 18
53175 Bonn
Tel. 0228 3776600
www.dge.de

Bundeszentrale für gesundheitliche Aufklärung (BZgA)
Maarweg 149–161
50825 Köln
Tel. 0221 89920
www.bzga.de

Gastro-Liga e. V.
Deutsche Gesellschaft zur Bekämpfung der Krankheiten von Magen, Darm und Leber sowie von Störungen des Stoffwechsels und der Ernährung
Friedrich-List-Straße 13
35398 Gießen
Tel. 0641 974810
www.gastro-liga.de

Deutsche Gesellschaft für Gastroenterologie, Verdauungs- und Stoffwechselkrankheiten (DGVS)
Olivaer Platz 7
10707 Berlin
Tel. 030 3198315000
www.dgvs.de

Wichtige Internetseiten

www.daem.de
Deutsche Akademie für Ernährungsmedizin (DAEM) e. V.

www.dgem.de
Deutsche Gesellschaft für Ernährungsmedizin e. V.

www.ugb.de
Vereine für unabhängige Gesundheitsberatung e. V.

www.diaetverband.de
Bundesverband der Hersteller von Lebensmitteln für eine besondere Ernährung e. V. (kurz: Diätverband)

Kochen für den Wohlfühlbauch

Beate Löffler
111 Genießerrezepte für Magen und Darm

- Bewährtes Ernährungskonzept: Die Kombination aus leichter Vollkost und ballaststoffreicher Ernährung für eine reibungslose Verdauung

- Individuell: Zu jedem Rezept gibt es eine Info, für welche Darmbeschwerden es besonders geeignet ist

- Harte Fakten: Kalorien, Eiweiß, Fett, Kohlenhydrate und Ballaststoffe pro Portion angegeben

160 Seiten, ca. 50 Abbildungen
15,5 x 21,0 cm, Broschur
ISBN 978-3-89993-944-6
€ 19,99 [D] / € 20,60 [A]

Dieser Ratgeber ist auch als eBook erhältlich.

Stand Juli 2017. Änderungen vorbehalten.

Weitere Bücher zu Gesundheitsthemen:
www.humboldt.de

Genießen erlaubt!

Sven-David Müller
Christiane Weißenberger
**Ernährungsratgeber
Magen und Darm**

- **Alle wichtigen Ernährungs-
  regeln bei Magen- und
  Darmerkrankungen**

- **Tipps für das tägliche Leben
  und Spezialtabellen**

- **Über 60 leckere Rezepte
  mit Angaben von Kalorien,
  Kohlenhydraten, Fett und
  Eiweiß sowie Ballaststoffen**

144 Seiten, 79 Farbfotos
15,5 x 21,0 cm, Broschur
ISBN 978-3-89993-626-1
€ 19,95 [D] / € 20,60 [A]

Dieser Ratgeber ist auch als eBook erhältlich.

Stand Juli 2017. Änderungen vorbehalten.

Weitere Bücher zu Gesundheitsthemen:
www.humboldt.de